NÃO ERA PARA SER ASSIM

encontrando forças para
caminhar quando as decepções
nos deixam devastados

LYSA TERKEURST

It's not supposed to be this way
Copyright © 2018 by Lysa Terkeurst
Published by arrangement with Thomas Nelson, a division of HarperCollins Christian Publishing, Inc.
Portuguese edition © 2019 by
Editora Hagnos Ltda
All rights reserved

Tradução
Iara P. Vasconcellos

Revisão
Josemar de Souza Pinto
Lettera Editorial

Capa
Douglas Lucas

Diagramação
Sonia Peticov

Gerente editorial
Juan Carlos Martinez

1ª edição – Junho – 2019

Coordenador de produção
Mauro W. Terrengui

Impressão e acabamento
Imprensa da fé

Todos os direitos desta edição reservados para:
Editora Hagnos
Av. Jacinto Júlio, 27
04815-160 — São Paulo – SP – Tel. Fax: (11) 5668-5668
hagnos@hagnos.com.br — www.hagnos.com.br

Dados Internacionais de Catalogação na Publicação (CIP)
Angélica Ilacqua CRB-8/7057

Terkeurst, Lysa
    Não era para ser assim: encontrando forças para caminhar quando as decepções nos deixam devastados / Lysa Terkeurst; tradução de Iara Vasconcellos. — São Paulo: Hagnos, 2019.

ISBN 978-85-243-0575-7

Título original: *It's not supposed to be this way: finding unexpected strength when disappointments leave you shattered*

1. Decepção — Aspectos religiosos — Cristianismo 2. Expectativa (Psicologia) — Aspectos religiosos 3. Confiança em Deus 4. Palavra de Deus (Teologia cristã) 5. Encorajamento I. Título II. Vasconcellos, Iara

19-0871   CDD-248.8

Índice para catálogo sistemático:

1. Vida cristã : Confiança em Deus

Editora associada à:

DEDICATÓRIA

Para a minha equipe executiva do *Proverbs 31 Ministries* [Ministério Provérbios 31]. Meredith Brock, Lisa Allen, Barb Spencer, Glynnis Whitwer e Danya Jordan – vocês caminharam ao meu lado e deram cada passo dessa jornada comigo. As palavras nunca serão capazes de expressar quanto sou grata pelo amor incondicional de vocês, por seu tremendo apoio e suas fervorosas orações. Amo vocês.

Estas palavras agora são para você que está segurando este livro – e está com o coração ferido, a alma despedaçada e os sonhos estraçalhados. Eu conheço a sua dor. Conheço mesmo! Porém, também sei que Deus tudo vê, tudo ouve. Além disso, Ele também a ama profundamente. Minha oração é que esse enorme peso seja tirado de sua alma, à medida que você acolhe as verdades registradas nas páginas deste livro.

SUMÁRIO

Introdução • 7

UM • Entre dois jardins • 15
DOIS • Pó • 29
TRÊS • Como superar os próximos
86.400 segundos? • 45
QUATRO • Pés bronzeados • 67
CINCO • Pinturas e pessoas • 81
SEIS • Demorado demais, difícil demais • 99
SETE • Quando o fardo é insuportável • 117
OITO • Rompendo com as amarras • 135
NOVE • Expondo o inimigo • 155
DEZ • Palavras de reafirmação • 179
ONZE • De cabeça para baixo • 207

Epílogo • 225
Atualização da autora • 229
*Nove textos bíblicos para "sobreviver"
quando Deus parece silencioso* • 231
Obtendo ajuda • 237
Agradecimentos • 239
Textos bíblicos • 243
Sobre a autora • 263

INTRODUÇÃO

Há uma história que eu gosto muito de contar para mim mesma. É sobre como a minha vida deveria ser. Embora estejam faltando muitos detalhes do dia a dia, essa história é bem interessante! Não, para falar a verdade, é mais do que isso. Essa história faz meus dedos dos pés cavarem profundamente as areias de uma terra gloriosa chamada *normalidade*. É um lugar que não foi projetado por mim, mas onde eu posso aprovar qualquer alteração antes que ela ocorra. Posso, também, vetar todas as circunstâncias que não me pareçam certas, ou que não sejam ideais. Meus pulmões inalam rajadas frescas de previsibilidade, e o vento é sempre uma brisa suave. Nunca é instável ou tempestuoso e, certamente, não é cruel nem destrutivo.

Esse lugar não é glamouroso nem chamativo. É descontraído e confortável, com um estilo eclético tipo *boho chic*[1] e tudo fica "com a minha cara"! As coisas não se desgastam, e eu não me canso. As pessoas são gentis. Elas fazem o que dizem que vão fazer e são exigentes apenas para garantir que tudo saia a contento. Bondade pontilha a paisagem como árvores floridas, e a paz paira como nuvens fofas. A trilha sonora é simples e doce, crescendo com o riso prolongado de todas as piadas internas de uma grande família, que, com tantas personalidades diferentes, é produzida sem esforço.

Eu gosto desse lugar.

---

[1][NT]: Mistura de moda boêmia com brilhos e joias, com o *country* das botas de camurça.

Não quero apenas passar as férias nele. Quero *morar* ali!

Creio que você também tem a sua própria versão desse tipo de história e, como eu, também gosta de contá-la para si mesma.

No entanto, não queremos apenas ler o final da nossa história e nos sentir bem com isso. Nós mesmos queremos pegar a caneta e escrevê-lo. Sabemos como as coisas *deveriam* ser. Ocorre, porém, que vivemos na incerteza de não sermos capazes de prever nem de controlar o resultado final.

Os seres humanos são muito apegados a resultados. Dizemos que confiamos em Deus, mas nos bastidores "mexemos os pauzinhos" e envolvemos nossas emoções em uma luta complexa tentando controlar o que vai acontecer. Louvamos a Deus quando nosso cotidiano se parece com o que pensamos que seria. Questionamos Deus quando isso não acontece. E nos afastamos dEle quando suspeitamos que foi Ele quem destruiu as esperanças que nos mantinham inteiros.

Mesmo as pessoas mais estáveis podem se sentir abaladas quando são atingidas pelos ventos de uma mudança repentina. Ficamos prostrados pela dor, incapazes de retomar o rumo, e ao mesmo tempo vemos o vento levar as cinzas de tudo o que pensamos que nossa vida seria.

Eu nunca vi as cinzas serem capazes de escolher o local para onde os ventos de mudança as conduziriam.

Pelo menos, esses tênues fragmentos não esperam controlar para onde vão, nem como aterrissarão.

Até agora, porém, não conheci nenhum ser humano que conseguisse ficar indiferente a esses resultados.

Nós nos motivamos a enfrentar o mal de hoje projetando um filme mental sobre o bem que certamente virá amanhã. Se não for amanhã, será em breve. Muito em breve.

Esse bem vindouro será tão glorioso que nos livraremos de toda a ansiedade e finalmente diremos: "Bem, posso sinceramente dizer que valeu a pena." Toque a *Redemption Song*[2] e dance de felicidade.

O resultado será bom e semelhante ao que sonhamos. Virá tão rápido como esperávamos. Isso transformará todos os erros em acertos. Aqueles que caminharam fielmente conosco durante essa época difícil sentirão que seu investimento em tempo e cuidado conosco valeram a pena. Eles cumpriram mais uma missão do reino. Marquem essa tarefa como completa. E agora vamos todos ser felizes!

Aqueles que rejeitaram, julgaram ou, pior ainda, de alguma maneira usaram sua fase de dor contra você, perceberão como estavam errados. Eles se desculparão e afirmarão que aprenderam a lição de nunca mais tratar alguém dessa forma.

É assim que esperamos que tudo termine.

Creio que a fórmula deveria ser calculada assim: tempo de dificuldade, mais tempo de cura, mais permanecer fiel a Deus, deveria ser exatamente igual ao bom resultado que esperávamos.

Se você é um ser humano normal, deve ter feito essa mesma impressionante descoberta. Simplesmente não temos controle sobre os resultados. Não podemos prever como as promessas de Deus irão realmente tomar forma. Nunca poderemos apressar qualquer cura para toda essa dor.

Eu participo dessa luta, como uma passageira em um ônibus. Porém, nunca me sinto confortável com o fato de não poder assumir o volante e levá-lo de volta à *normalidade*.

Faço grandes elucubrações sobre o que um Deus, que é bom, deveria fazer e então me vejo profundamente desapontada quando os ventos mudam. Esse "ônibus" faz uma curva acentuada à esquerda, e nada mais parece *direito*!

---

[2][NT]: *Canção da redenção* – música de Bob Marley.

Não é assim que imaginei que minha vida estaria no momento. Provavelmente, você também não pensou que sua vida estaria como está.

Não estou dizendo nada de novo. Só estou dando voz aos pensamentos que você, muito provavelmente, já teve, mas não soube como verbalizar.

Mas há esperança!

Embora não possamos prever, controlar ou exigir o resultado das circunstâncias em nossa vida, podemos saber, com certeza, que ficaremos bem. Melhor ainda que o *normal*. Seremos vitoriosas porque Jesus é vitorioso (1Co 15.57). Pessoas vitoriosas nunca deveriam se contentar apenas com o *normal*.

Através destas páginas vou ajudá-la a encontrar uma forma mais tranquila de entrar na história que o próprio Deus está orquestrando, tendo em mente o nosso próprio bem. Há pessoas que vivem a vida inteira e não conseguem enxergar todo o bem com que Deus as cercou, de forma exclusiva. Isso acontece, em parte, porque as dificuldades exigem muito de sua atenção, e a aparente permanência de algum desgosto acaba por lhes roubar o elã pela vida.

E se a vitória for apenas uma parte do resultado final? E se a maior parte de nossa vitória for viver bem o dia de hoje, o momento presente? Esta hora. Este minuto.

Você está prestes a ter uma experiência completamente diferente com o que chamamos *vida*. Juntas, encontraremos uma maneira de associar nossa esperança não aos resultados específicos que achamos que seriam o único jeito de voltar ao *normal*, mas sim ao próprio coração de Deus – o Autor da história que seu coração jamais poderia conceber, mas implora para viver a cada uma de suas batidas. Isso é mais profundo do que se pode imaginar.

Eu mal posso esperar para que isso aconteça na sua e na minha vida!

Indo à fonte

Para nos ajudar nessa jornada, à medida que nos livramos dos conceitos errados que temos sobre como a vida deveria ser, escrevi uma seção chamada "Indo à fonte" ao final de cada capítulo. É uma recapitulação de tudo o que estamos aprendendo, para não nos esquecermos das coisas boas ao longo do caminho. Quando nos esvaziamos de nossas esperanças mal direcionadas e das perspectivas limitadas, temos que nos preencher com algo. Assim, aprenderemos a identificar nossas lacunas, nossa sede e preencher esse vazio com a água viva da verdade de Deus. Sua Palavra é feita sob medida para transformar o coração humano ferido.

Cada "Indo à fonte" incluirá afirmações para se apegar, textos bíblicos para absorver, perguntas para refletir e uma oração.

Indo à fonte

> Embora não possamos prever, controlar ou exigir o resultado das circunstâncias em nossa vida, podemos saber, com certeza, que ficaremos bem.

Lembre-se
Afirmações para se apegar

- Vivemos na incerteza de não sermos capazes de prever nem de controlar o resultado final.
- Mesmo as pessoas mais estáveis podem se sentir abaladas quando atingidas por ventos de uma mudança repentina.
- Seremos vitoriosas porque Jesus é vitorioso. Pessoas vitoriosas nunca deveriam se contentar com o *normal*.
- E se a vitória for apenas uma parte do resultado final? E se a maior parte de nossa vitória for viver bem o dia de hoje, o momento presente?

Receba
Texto bíblico para absorver

Mas graças a Deus, que nos dá a vitória por meio de nosso Senhor Jesus Cristo. (1Co 15.57)

Reflita

Perguntas para refletir

- Que planos ou ideias você teve sobre como deveria ser a sua vida?
- Como você lida com a incapacidade de controlar o resultado final?
- De que maneira você se sente mais apegada ao resultado final do que confiar em Deus durante o processo?

Oração

Pai,
Admito que muitas vezes tenho me apegado firmemente aos meus próprios planos e aos resultados que idealizei. Porém, sei que a história que o Senhor está escrevendo para mim é muito melhor do que qualquer história que eu mesma poderia escrever. Ajude-me a me apegar a essa verdade quando as circunstâncias forem incertas e imprevisíveis. Acima de tudo, eu confio no Senhor.

Em nome de Jesus. Amém.

CAPÍTULO UM

Entre dois jardins

Minhas mãos tremiam enquanto eu discava o número para o qual já tinha ligado centenas, senão milhares, de vezes antes. Eram 5h34 da manhã. Eu soube, no minuto em que minha amiga atendeu, que o horror que eu acabara de descobrir, era real. Eu não queria que fosse. Quem sabe, se eu não contasse a ninguém, conseguiria negar a dor que estava ameaçando me consumir por inteiro.

No entanto, fingir nunca melhora as coisas. Apenas faz com que você desmorone, enquanto sorri do lado de fora.

Isso não é jeito de viver!

Às vezes, para recuperar a sua vida, é preciso encarar a morte do que pensava que sua vida seria.

Eu sentia o reflexo da morte em meu rosto, quando ouvi minha amiga perguntar de forma sonolenta, mas aflita: "Alô! Lysa? Você está bem?"

Eu definitivamente não estava.

E não me sentiria bem por muito tempo ainda. Os sentimentos de segurança e proteção que existiam em meu casamento, e que me aconchegaram por mais de duas décadas, foram repentinamente arrancados, deixando meu coração brutalmente exposto e minha alma ferida.

Mesmo agora, mais de dois anos depois do fato, ainda luto com a distância entre o que eu pensei que seria e o que se tornou. Há dias em que me encontro muito distante de estar bem, que chego a "querer enviar uma mensagem de texto para esse sentimento e exigir o seu retorno."

Mas isso não é algo que se limite à minha casa de tijolos brancos. Esse pensamento ocorre, senão a todos, à grande maioria dos seres humanos. Ele vem como um sussurro através das pequenas decepções. Um corte de cabelo ruim. Uma máquina de lavar louça que transborda. Um jantar que queima. Uma criança que não obedece. Uma balança que continua aumentando e uma conta bancária que continua diminuindo.

> Às vezes, para recuperar a sua vida, é preciso encarar a morte do que pensava que sua vida seria.

Então, o sussurro aumenta a sua voz quando uma amiga fica em silêncio por muito tempo. E por aí vai... O emprego que você não conseguiu. As palavras duras que lhe foram ditas por alguém de quem você ansiava ouvir uma palavra de encorajamento. O sentimento latente de que seu casamento esfriava, enquanto suas discussões esquentavam. Tudo isso acrescentado de um sentimento de solidão que você achava que não teria mais nessa fase de vida.

Então, o desapontamento ruge como o trovão batendo na terra quando chega um telefonema do seu médico e o diagnóstico vira a sua vida de cabeça para baixo. As situações continuam a surgir. O caso é descoberto. Os vícios, ocultados. O filho que parece que você não conhece mais. O incêndio. A falência. A separação. A morte que chegou tão inesperada que você continua ligando para o número deles, esperando que tudo seja um pesadelo e aguardando que respondam do outro lado da linha.

Não sabemos quando esses desapontamentos, tanto os grandes quanto os pequenos, chegarão à nossa vida. Eles simplesmente surgem do nada. São hóspedes inesperados com os quais não sabemos o que fazer.

Esse sentimento que vem junto com a decepção nos deixa exauridos.

Mas eu não preciso lhe dizer essas coisas.

Elas também lhe causam frustração e esgotamento.

A vida não é do jeito que achávamos que seria.

Decepção. Quer você utilize essa palavra quer não, é indiferente. Ela está presente. E quero dar nomes aos sentimentos que estão nos afetando mais do que percebemos ou nos atrevemos a verbalizar.

Sentimos que a vida deveria ser melhor do que é. As pessoas deveriam ser melhores do que são. As circunstâncias deveriam ser melhores do que são. As finanças deveriam ser melhores do que são. E os relacionamentos também.

E sabe de uma coisa? É isso mesmo. Tudo deveria ser melhor do que é. Não é de se admirar que estejamos exaustas.

Fique aqui comigo e deixe-me compartilhar algo que Satanás lutou cruelmente para nos impedir de saber.

Você acha a decepção exaustiva e frustrante? Sabia que, potencialmente, ela pode ser algo bom? No entanto, só veremos esse lado, se confiarmos no coração do Doador.

Veja bem, uma decepção pode ser um presente de Deus, apesar de não parecer. O presente é pontiagudo, fazendo com que o Doador possa até parecer cruel, pois, quando se vai desembrulhá-lo, os dedos chegam a sangrar. Eles se sentirão enganados e muito tentados a parar de acreditar que algo de bom poderá ser encontrado ali dentro. Certamente questionarão quem permitiu que as coisas acontecessem daquela maneira.

Tudo isso aconteceu comigo. Eu fiz muitas perguntas difíceis, sacudida por soluços, sobre como Deus podia permitir que tudo aquilo acontecesse, quando liguei para minha amiga às 5h34 horas da manhã.

É bom que se diga que a decepção não significa que Deus está evitando nos dar coisas boas. Às vezes é a forma de Ele nos levar para casa. Só que, para que isso possa acontecer e possamos entender corretamente o que realmente está ocorrendo, devemos dar um passo para trás e olhar o contexto da épica história do amor de Deus – Jesus, Aquele por meio de quem Ele resgata e reconcilia a humanidade para Si mesmo.

Vamos, então, fazer as nossas perguntas sobre o porquê de essas coisas estarem acontecendo. E então voltaremos a elas depois de estarmos mais bem equipados com as verdades por meio das quais poderemos processá-las. Vamos abrir as respostas de Deus, os caminhos de Deus, a Palavra de Deus. Eu prometo que você não encontrará nenhum ditado típico dos para-choques, frases que não ajudam, e muitas vezes ofendem. Juntos, vamos encontrar ajuda real e verdadeira esperança em um Deus que nos mantém seguros em meio a isso tudo. Vamos, então, começar do começo.

Gênesis nos diz que o coração humano foi criado na perfeição do jardim do Éden.

Você pode imaginar como era o mundo quando Deus o criou? Quando Ele disse que tudo estava bom – muito bom! Tudo era perfeito.

A sinfonia da perfeição encheu a atmosfera. Tudo se encaixou e fluiu em completa harmonia. A música soava com os mais ricos tons, e a dança era com estrita precisão. Não havia nada que não fosse certo, nenhum sentimento inadequado. Tudo era lindo, pacífico e gratificante. Havia paz perfeita nos relacionamentos. Adão e Eva estavam perfeitamente conectados um ao outro e viviam na presença perfeita de Deus. Era o paraíso com uma intimidade única, onde Deus interagia diretamente com Adão e Eva. Havia uma provisão perfeita, e perfeito também era o cumprimento de Seu propósito. Não havia tristeza, confusão ou injustiça. Não havia doença, divórcio, depressão nem morte.

"DECEPÇÃO não significa que Deus está evitando nos dar coisas boas. Às vezes é a forma de Ele nos levar para casa.**"**

Não havia motivos desalinhados, não havia manipulações nem intenções maliciosas.

Era tudo o que se pode imaginar e muito mais.

Foi assim que o coração humano foi criado, no contexto da perfeição do jardim do Éden. Só que não vivemos mais lá.

É por isso que nossos instintos continuam difundindo a mentira de que a perfeição é possível. Temos imagens de perfeição gravadas no próprio DNA de nossa alma.

Nós perseguimos isso. Nós focamos nossas câmeras tentando capturá-la. Tiramos inúmeras fotos, na esperança de encontrá-la. No entanto, até mesmo as nossas melhores fotos precisam ser corrigidas, filtradas e recortadas.

Fazemos de tudo para que os outros pensem que a imagem publicada é verdadeira. Porém, todos nós conhecemos a verdade. Todos nós percebemos a farsa. Todos nós enxergamos que o imperador está nu.[1] Mas lá estamos nós, batendo palmas, seguindo adiante, participando do jogo. Tentando acreditar que talvez, apenas talvez, se nos aproximarmos de algo que pareça perfeição, isso nos ajudará a captar um pouco daquele brilho para nós mesmos.

Mas sabemos que até mesmo a mais brilhante das luzes acaba se esvanecendo. O novo sempre se torna velho. Seguidores deixam de seguir. As mesmas pessoas que nos ajudam a levantar, acabam nos deixando para baixo. Os aspectos mais integrados da vida laceiam, se desfazem e se desintegram diante de nossos olhos.

Então, ficamos profundamente decepcionados.

Porém, não estamos falando sobre isso.

Não temos a permissão para, nem sabemos como, processar nossas decepções. Especialmente em nossos grupos de estudo bíblico ou nas reuniões dominicais da igreja. Isso ocorre porque

---

[1][NT]: Famosa lenda de Hans Christian Andersen.

a fala de todos é: "Seja grato e positivo e deixe sua fé dominar seus sentimentos".

Eu acredito que precisamos ser gratos e positivos e deixar a nossa fé dominar nossos sentimentos. Porém, também acredito que há um lado perigoso em calar-se e fingir que não estamos exaustos por causa das nossas decepções.

Os desapontamentos silenciosos, não verbalizados, represados, permitem que Satanás fabrique suas mais ardilosas armas contra nós e contra os que amamos. É a sedução sutil que nos deixa sozinhos com nossos pensamentos e abre nossos ouvidos para seus sussurros, os quais ampliam nossas decepções e nos conduzem a escolhas destrutivas.

Se o inimigo conseguir nos isolar, ele conseguirá nos influenciar.

Sua porta de entrada favorita é através das nossas decepções. O inimigo entra como um sussurro, permanece como uma brisa suave e se torna uma tempestade daquelas que não se vê chegando. Seu insaciável apetite por destruição desencadeia um enorme tornado, que vai assolando tudo ao redor, exatamente como planejado. Ele não mais sussurra para as nossas decepções tentando nos enganar. Ele cresce para nos esmagar.

Conselheiros de toda parte estão dizendo às pessoas de coração partido, sentadas em sofás encharcados em lágrimas, que uma das razões de seus relacionamentos terem falhado foram as conversas que vocês precisariam ter tido, mas que nunca aconteceram.

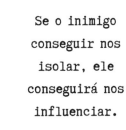

> Se o inimigo conseguir nos isolar, ele conseguirá nos influenciar.

Se não houver uma maneira de processarmos as nossas decepções, ficaremos tentados a deixar que Satanás reescreva a história de amor de Deus como uma narrativa negativa, deixando-nos desconfiados do nosso Criador. Por que Ele criaria nosso coração na perfeição do jardim do Éden sabendo que, por causa dos nossos pecados, não viveríamos lá?

Quero dizer, uma vez que Adão e Eva pecaram, Deus não poderia tirar a consciência e o desejo de perfeição do coração deles em vez de bani-los do jardim? Sim, Ele certamente poderia ter feito isso. Só que tirar o motivo de nossa decepção também nos rouba a esperança gloriosa do lugar para onde estamos destinados.

Lembre-se: essa é uma história de amor. E nunca apreciaremos, ou mesmo desejaremos, a esperança do nosso *Maior Amor* se os amores menores não nos desapontarem. A angustiante sensação de desapontamento geral deste lado da eternidade cria um descontentamento com este mundo que nos leva a desejar o próprio Deus – e o lugar onde iremos andar com Ele novamente no jardim. Lugar em que finalmente teremos paz e segurança. No qual nossos olhos jamais verterão lágrimas. E... onde nenhum coração jamais será partido.

Gênesis é o primeiro livro da Bíblia, e é ali que lemos sobre o primeiro jardim do Éden. Mas não podemos nunca nos esquecer de que as Escrituras terminam com o Éden restaurado, no final do Apocalipse, o último livro.

> *Ouvi uma forte voz que vinha do trono e dizia: "Agora o tabernáculo de Deus está com os homens, com os quais ele viverá. Eles serão os seus povos; o próprio Deus estará com eles e será o seu Deus. Ele enxugará dos seus olhos toda lágrima. Não haverá mais morte, nem tristeza, nem choro, nem dor, pois a antiga ordem já passou". Aquele que estava assentado no trono disse: "Estou fazendo novas todas as coisas!" E acrescentou: "Escreva isto, pois estas palavras são verdadeiras e dignas de confiança".* (Ap 21.3-5)

Observe as palavras repletas de sentimento utilizadas para descrever o mundo que habitamos: *tristeza, choro* e *dor.* A decepção geral quase sempre implica lágrimas abundantes. Como falamos anteriormente, tudo deste lado da eternidade está em decadência. Isso é simplesmente o resultado natural de o pecado ter entrado na equação. Dias brilhantes tornam-se noites escuras. O riso da vida é eclipsado pelas lágrimas da morte. O entusiasmo do momento atual é arrancado pela decepção do momento seguinte. Essa constante ameaça aos nossos mais profundos sentimentos nos leva à depressão, ansiedade, insensibilidade e, sendo bem sincera, a um ceticismo no que se refere à bondade de Deus.

A não ser que...

Tenhamos a percepção de que todas essas duras realidades não são o fim, mas um espaço intermediário temporário. Não é lugar para afundar e permanecer, mas um espaço no qual temos que aprender a equilibrar fé e sentimento. Eu preciso desse equilíbrio. Há momentos em que, honestamente, eu desejo levantar meus punhos e, em total frustração, gritar sobre a injustiça geral. Negar dar voz a qualquer desses sentimentos é negar minha humanidade. Por outro lado, permitir que meus sentimentos sejam minha única voz roubará a minha alma das perspectivas terapêuticas com as quais Deus quer me consolar e me levar adiante. É praticamente certo que meus sentimentos e minha fé entrarão em conflito entre si. Meus sentimentos veem situações assoladoras como sendo uma dor absolutamente desnecessária com cheiro de esterco. Minha alma enxerga a mesma situação como um fertilizante para um futuro melhor. Ambas as perspectivas são reais e me puxam em diferentes direções, resultando em uma luta sem fim. Viver em equilíbrio significa reconhecer meus sentimentos, mas também significa seguir em frente, deixando minha fé liderar.

Deus sabe que, antes de habitarmos eternamente com Ele, teremos que aprender a sermos bons "equilibristas". Você consegue ver o encorajamento que Deus está nos dando por meio da passagem de Apocalipse 21, ajudando-nos com esse aprendizado, quando nossos sentimentos nos imploram que duvidemos de nossa fé? Ele porá um fim em tudo isso, interrompendo a decadência, a morte e a desilusão total. Ele fará novas todas as coisas!

Nesse jardim do Éden restaurado, a maldição será eliminada e a perfeição nos cumprimentará como um amigo de longa data. Não haverá diferença entre a expectativa e a experiência. Elas serão a mesma coisa. Não vamos nos machucar. Não nos feriremos. Não ficaremos desapontados e não viveremos decepcionados com as pessoas, nem com nós mesmos, nem com Deus. Nossos sentimentos e nossa fé estarão de acordo. Retornaremos a uma pureza de emoção em que será possível vivenciar o melhor do nosso coração, trabalhando em conjunto com os absolutos da verdade.

No novo Éden, não haverá luta entre nossos sentimentos e nossa fé, porque não haverá discrepâncias sobre a natureza de Deus. Não haverá corrupção na criação de Deus. Não haverá questionamentos sobre o motivo de Deus permitir que as coisas aconteçam. E não haverá medo de que as coisas não saiam bem.

Lá, estaremos bem, porque o equilíbrio será natural: seremos inteiros, completos, protegidos, seguros, confiantes, vitoriosos. E assim se fará um círculo perfeito em nossa compreensão da verdade.

Porém, como disse no início, nós não vivemos na perfeição do Éden, nem no Éden restaurado que ainda está por vir. Por isso, devemos hoje entender a nossa necessidade do equilíbrio entre fé e sentimento, neste espaço entre os dois jardins. E devemos aprender a viver e a amar, no ritmo imperfeito de nossa desajeitada humanidade, tentando permanecer compassados dentro de uma sinfonia divina.

> Cantaremos, às vezes, uma letra errada com a música.
> Cantaremos fora do tom e fora do ritmo.
> Erraremos algumas notas, para cima ou para baixo.

Mas, se a sinfonia de Deus continuar a tocar alto e forte como a trilha sonora definitiva de nossa vida, vamos conseguir voltar para a música. Vamos sentir como retomar o ritmo. Vamos voltar à afinação.

É mais ou menos como quando eu canto no meu carro seguindo uma música com um arranjo benfeito. Com essa trilha sonora, canto maravilhosamente. Mas não é porque, de repente, me tornei uma grande musicista. É porque o fundo musical está mais alto que minha voz, guiando-me, segurando-me na tonalidade e ritmo. Nesse caso, "eu até que engano bem", porque não estou cantando sozinha.

Mas, os céus me ajudem, se eu desligar o rádio e pegar um microfone para fazer um solo!

Eu não canto bem. Transformo uma linda música em um emaranhado irreconhecível de sons desagradáveis e acabo contribuindo com o barulho caótico deste mundo. Porém, sentirei falta da gloriosa trilha sonora feita por Deus para me lembrar da épica história de amor que estou destinada a viver com o Grande Amor da minha alma.

Então... Esse é o propósito deste livro. Claro e simples. Eu quero aprender a viver em equilíbrio nesta vida entre os dois jardins. E quero abrir o presente da decepção e liberar a atmosfera de esperança que há nele. Sou muito grata por podermos fazer isso juntas.

Indo à fonte

> O coração humano foi criado no contexto da perfeição do jardim do Éden. Só que não vivemos mais lá.

Lembre-se

- Às vezes, para recuperar a sua vida, é preciso encarar a morte do que pensava que sua vida seria.
- Desapontamento é sentir que as coisas deveriam ser melhores do que são.
- Decepção não significa que Deus está evitando nos dar coisas boas. Às vezes é a forma de Ele nos levar para casa.
- Se o inimigo conseguir nos isolar, ele conseguirá nos influenciar.
- Nunca apreciaremos, ou mesmo desejaremos, a esperança do nosso Maior Amor se os amores menores não nos desapontarem.
- Deus sabe que, antes de habitarmos eternamente com Ele, teremos que aprender a sermos bons "equilibristas".
- No novo Éden, estaremos bem porque o equilíbrio será natural.

Receba

Ouvi uma forte voz que vinha do trono e dizia: "Agora o tabernáculo de Deus está com os homens, com os quais ele viverá. Eles serão os seus povos; o próprio Deus estará com eles e será o seu Deus. Ele enxugará dos seus olhos toda lágrima. Não haverá mais morte, nem tristeza, nem choro, nem dor, pois a antiga ordem já passou". Aquele que estava assentado no trono disse: "Estou fazendo novas todas as coisas!" (Ap 21.3-5)

Reflita

- Que decepções você está enfrentando atualmente?
- Há alguma inverdade que, há tempos, você acredita sobre suas decepções?
- Ao olhar para trás e considerar o passado, que *presentes* surgiram de suas decepções?
- De que maneiras você pode precisar aprender a equilibrar sua fé com seus sentimentos no momento atual de sua vida?
- Como esse ensinamento sobre o jardim do Éden ajuda a entender melhor o que você está passando?

Oração

Pai,

Viver neste meio desordenado entre os dois jardins é muito desafiador. Ensine-me a equilibrar minha fé com os meus sentimentos, quando a vida trouxer desilusões que nunca imaginei. Minhas decepções não parecem ser um presente, mas confiarei no Senhor – que é doador de bons presentes. Conceda-me um alento de esperança em minha vida agora, eu oro.

Em nome de Jesus. Amém.

CAPÍTULO DOIS

PÓ

Eu apertava meu peito enquanto as lágrimas escorriam sem parar. A dor em meu coração não era física. Era uma dor emocional tão intensa que eu mal conseguia respirar. Minhas mãos estavam tremendo. Meus olhos estavam arregalados de medo e minha boca, paralisada.

Minha vida tinha passado de plena e completa a quebrada e destruída.

Eu já havia me machucado muitas vezes, mas nunca a esse ponto. Depois de vinte e cinco anos de casamento, não tive escolha, a não ser dizer ao meu marido: "Eu amo você. E posso lhe perdoar. Mas não posso *compartilhar* você".

Nunca me senti tão estraçalhada e abandonada. E então, adicionando mais sal à ferida, as pessoas começaram a falar. Eu enfrentei solitária o inferno pelo qual estava passando, contando apenas a alguns amigos e conselheiros. Eles foram gentis e me ajudaram de formas que nunca poderei pagar. Existem pessoas realmente boas neste mundo. Mas nem todos são tão compreensivos ou compassivos. E agora a realidade e os rumores estavam me esmagando. Eu estava experimentando a morte de minha "vida normal". Ocorre, porém, que não fazemos velórios para uma "vida normal". Eu estava lidando com a extrema dor de perder a pessoa que eu mais amava neste mundo.

Só que, em vez de visitar um túmulo e lamentar uma morte, eu estava enfrentando os boatos e sendo devorada por todas as teorias e opiniões. Meu travesseiro se encharcava com lágrimas das quais só eu conhecia a verdadeira origem. Eu não estava lidando somente com uma profunda dor pessoal, mas também experimentando, em primeira mão, como pessoas feridas por vezes contribuem para ferir outras.

Vivemos em um mundo imperfeito no qual as coisas quebram. Portanto, não deveríamos nos surpreender quando isso acontece em nossa vida. Mas quando o dano é tão grande que não há como ser reparado e tudo se transforma em pó? Quando algo se quebra, pelo menos há a esperança de poder colar os pedaços novamente.

Mas e se você olhar e não houver pedaços para serem recolhidos? Não há como colar o pó!

O pó é difícil de ser segurado! Como dói ver o que foi tão precioso ser reduzido a algo sem peso que até o menor vento pode levar. Nessas horas, nós nos sentimos completamente sem esperança. O pó nos leva a acreditar que as promessas de Deus não se aplicam mais a nós. Que estamos fora do alcance de Deus. E que a esperança em Deus foi apagada pela escuridão que traga tudo ao nosso redor.

Desejamos que Deus conserte as coisas, que Ele edite nossa história para ter um final diferente, e que Ele refaça a angustiante realidade.

Mas... E se consertar, editar e reparar não for o que Deus tem em mente para nós em meio ao sofrimento?

E se, dessa vez, Deus desejar fazer algo completamente novo? Neste instante. Deste lado da eternidade... Não importa quão danificadas nossas circunstâncias pareçam estar.

Pó é exatamente o ingrediente que Deus mais gosta de usar.

Achamos que a fratura em nossa vida não pode ser, de forma alguma, algo positivo. Mas e se a quebra for a única maneira de fazer o pó voltar à sua forma primária para que algo novo surja dali? Podemos ver o pó como resultado de uma quebra injusta. Ou podemos ver o pó como um ingrediente vital.

Pense em um simples cubo de gelo. Se o gelo permanecer pedra, ele será sempre um simples cubo de gelo. Mas, se o gelo derreter, ele poderá ser derramado em outra forma bonita e ser remodelado para congelar novamente. Com o pó é a mesma coisa; ele é o ingrediente básico com tremendo potencial para uma nova vida.

De todas as coisas que Deus poderia ter usado para fazer o homem, Ele escolheu usar o pó. *Então o Senhor Deus formou o homem do pó da terra e soprou em suas narinas o fôlego de vida, e o homem se tornou um ser vivente* (Gn 2.7).

Jesus usou o pó da terra para restaurar a visão de um homem. Jesus disse: "Enquanto estou no mundo, sou a luz do mundo". *Tendo dito isso, cuspiu no chão, misturou terra com saliva e aplicou-a aos olhos do homem* (Jo 9.5,6). E, depois que o homem se lavou no tanque de Siloé, ele voltou para casa vendo.

Quando misturado com água, o pó se torna barro. Barro, quando colocado nas mãos do oleiro, pode receber qualquer forma que o oleiro deseje!

> *Contudo, Senhor, tu és o nosso Pai.*
> *Nós somos o barro; tu és o oleiro.*
> *Todos nós somos obra das tuas mãos.* (Is 64.8)

> *Ó Israel, acaso não posso fazer com vocês o mesmo que o oleiro fez com o barro? Como o barro está nas mãos do oleiro, vocês estão em minhas mãos.* (Jr 18.6, NVT)

O pó, necessariamente, não significa o fim. Ele é o ingrediente necessário para que algo novo surja.

Pense em como isso é semelhante com o final de uma pessoa que morre. Não importa quão bem cuidemos de nós mesmos e

"O PÓ, necessariamente, não significa o fim. Ele é o ingrediente necessário para que algo novo surja."

daqueles a quem amamos, não importa quão bons sejamos, não importa quão maduros nos tornemos na fé, não escaparemos da realidade de que a morte é certa e nossa vida será reduzida a pó. Gênesis 3.19 nos diz que do pó viemos e ao pó voltaremos. Isso pode certamente nos fazer parar e perguntar: "Qual é o sentido de tudo isso?" No final, todos nós morremos e nos decompomos até o pó. Mas, para aqueles que acreditam em Jesus Cristo como o Senhor de sua vida, esse não é o fim, mas o começo de uma transformação que todos desejamos experimentar. A morte física é a única maneira de iniciar o processo de receber nosso corpo celeste, que nunca se desgastará nem se degradará de qualquer forma, e jamais será reduzido a pó.

> *Porque nós sabemos que quando morrermos e deixarmos este corpo teremos um maravilhoso corpo novo no céu, um lar que será nosso para todo o sempre, feito para nós pelo próprio Deus, e não por mãos humanas. Como vamos ficando cada vez mais cansados deste corpo atual! Eis por que esperamos com ansiedade o dia quando teremos um corpo celestial, que vestiremos com roupas novas. Porque nós não seremos apenas espíritos sem corpo. Este nosso corpo terreno nos faz gemer e suspirar, porém não gostaríamos de pensar em morrer e depois não possuir corpo algum. Desejamos revestir-nos do nosso novo corpo, de maneira tal que este corpo mortal seja absorvido pela vida. Isso é o que Deus preparou para nós e, como garantia, ele nos deu o seu Espírito Santo.*
> (2Co 5.1-5, NBV)

Você se lembra da declaração de Deus em Apocalipse 21.5 sobre o Éden restaurado? *Estou fazendo novas todas as coisas!* A morte é apenas uma transição no tempo designado por Deus para, finalmente, deixarmos este mundo quebrado, cheio de imperfeições, e sermos recebidos no lar que temos desejado por toda a nossa vida. Nós não determinamos quando isso acontecerá, mas não precisamos temer a morte como o fim. É outro começo.

Sim, no Éden restaurado não haverá mais morte. Não haverá mais choro. Não haverá mais corações partidos ou circunstâncias quebradas. Não haverá mais realidades destruídas. Não haverá mais pó. Que pensamento restaurador: que a quebra de nosso corpo físico nos leva à renovação de Deus, em que não teremos mais rupturas físicas ou de qualquer outro tipo.

Quando escrevi meu livro *Uninvited* [Não convidado], senti que estava pronta para compartilhar sobre o dolorido assunto da rejeição. Deus me ajudou a fazer tanto progresso com as angustiantes rejeições do meu passado que tive certeza de que poderia ajudar outros. Imaginei minha leitora profundamente sequestrada pela dor da rejeição, sentindo-se mais confortada porque eu podia sentir a dor com ela. Ela poderia vir a confiar no fato de que minhas orientações não eram apenas boas teorias, mas verdades duramente aprendidas. Ela saberia que senti a profundidade de sua dor, de forma que ela pudesse confiar que também haveria esperança de cura para ela.

> Eu escrevi o livro.
> Eu o entreguei aos editores.
> Eu removi essa tarefa na minha lista.
> A vida continuou.

Então, descobri o caso do meu marido. A vida, como eu a conhecia, acabou, virou de cabeça para baixo. Tudo que havia de bom foi abalado. E, quanto mais eu tentava agarrar o que caía ao meu redor, mais percebia minha total falta de controle.

Como descrevi no começo deste capítulo, eu já havia me machucado muitas vezes durante minha vida, mas nunca a esse ponto.

Tudo falhou. Tudo quebrou irreparavelmente. Minha vida, de inteira e completa, foi reduzida a pó. Eu me arrastei para a cama. Eu quis que o mundo parasse. Eu queria que tudo se estabilizasse e parasse de me machucar. Mas não foi o que aconteceu.

Essa é uma das realidades mais devastadoras de termos nos tornado pó. Precisamos que o mundo pare de girar por um tempo. Precisamos de uma pausa. Precisamos que as celebrações cessem tempo suficiente para podermos lidar com nosso luto. Precisamos que pessoas com expectativas parem de nos enviar *e-mails*. Precisamos limpar nossa agenda.

Só que minha agenda não ficou sabendo disso. Todas as coisas que eu concordara em fazer quando a vida parecia previsível e completa não se apagaram.

Incluindo o livro que escrevi sob o peso da rejeição. Ele deveria ter sido lançado seis meses antes. Mas havia um passo final necessário: eu precisei ler o manuscrito inteiro uma última vez.

Lembro-me de haver recebido as provas finais do livro pelo correio. Elas chegaram a minha casa em uma caminhonete que entrou ruidosamente pela minha longa entrada de cascalho. O entregador deixou o pacote na minha porta da frente. Ele tocou a campainha e voltou para sua caminhonete. E então foi fazer sua próxima entrega.

Para aquele entregador, foi apenas mais um dia.

Mal sabia ele que entregara a vida de volta a uma alma que estava pendurada por um fio.

Abri o envelope e lá estava o meu livro, destinado a ajudar o mundo a lidar com os sentimentos que, naquele momento, sufocavam meu coração. *Por que, Deus, o Senhor me permitiu escrever este livro, sabendo que eu nem imaginava a devastação que estava vindo em minha direção? Fui muito tola em escolher esse tema. Afinal, eu deveria prever que seria atacada na mesma área sobre a qual estava escrevendo. E o Senhor poderia ter impedido, Deus. O Senhor poderia ter impedido...*

Senti um vazio muito grande quando espalhei as páginas sobre as cobertas amarrotadas da minha cama.

Eu não tinha nada para oferecer. Estava prestes a ficar diante de um mundo fustigado pela tempestade, mas, como a placa na Estátua da Liberdade, eu também prometia minha própria versão de um novo começo: "Deem-me seu coração partido, as promessas não cumpridas que lhes foram feitas, e seus medos encharcados em lágrimas juntamente com o anseio de respirar livremente. E eu serei uma luz que os conduzirá à esperança em Deus, que vai além das mágoas da rejeição".

Quando escrevi *Uninvited*, fiquei animada em conversar com outras pessoas sobre a cura das rejeições do meu passado. Mas de que maneira eu poderia falar sobre rejeição, quando me sentia arrasada por uma ferida recente?

Olhei para as palavras digitadas, página por página.

Eu queria que tudo acabasse.

O livro.

A rejeição.

O *timing* de tudo isso.

Sim, especialmente o *timing*. Parecia um toque cruel de ironia.

O que foi muito louco é que, nos meses que antecederam essa devastação, a única coisa que eu ouvia Deus continuamente dizer era: "Confie no meu *timing*".

Mas foi justamente o *timing* que me pareceu muito confuso. Pois foi também ele que sustentou a profunda consciência de que, por melhor que sejam os meus planos, não consigo controlá-los. Não importa quanto eu conheça as pessoas em minha vida, não posso controlá-las. Não importa quanto eu siga as regras, faça o que é certo e busque obedecer a Deus com todo o meu coração, não posso controlar a minha vida. Eu não posso controlar Deus.

É difícil digitar estas palavras.

Porque não quero controlar Deus...

Até que eu comece a tentar fazê-lo!

Quando o *timing* de Deus parece questionável, Sua falta de intervenção parece prejudicial, e Suas promessas parecem duvidosas, sinto medo. Fico confusa. E, ao estar sozinha com esses sentimentos, não posso deixar de me sentir desapontada por Deus não estar fazendo o que eu achei que um Deus bom deveria fazer.

Supondo que Deus sabia que eu enfrentaria uma nova rejeição, Ele podia ter me impedido de escrever sobre esse tópico. Ou, melhor ainda, Deus poderia ter intervindo e impossibilitado que essa rejeição ocorresse, desde o início. Quero assumir que Sua promessa de nunca me deixar ou me abandonar significa que Ele opera como um escudo sobrenatural ao meu redor, impedindo que coisas terríveis aconteçam comigo e com aqueles a quem amo.

Eu quero supor que minha definição de *melhor* deveria ser a mesma definição de melhor de Deus. E minha definição de *bom* também deveria ser a mesma definição de Deus.

Eu quero escrever a história da minha vida de acordo com todas as minhas suposições.

Portanto, é impossível negar que não quero entregar o controle a Deus. O que eu quero mesmo é tomar o controle de Deus.

Então, faço a suposição mais perigosa de todas: de que eu, certamente, poderia fazer tudo melhor que Deus.

Naturalmente, eu nunca verbalizo nada disso. Mas é o que acontece. Fico imaginando que Satanás está ali, perto de mim, me atraindo. Ele tem *controle* escrito em uma das mãos e *decepção*, na outra. Sobre o controle, Ele diz: "Assuma o controle de sua própria vida. Pare de seguir as regras de Deus. Quando você estiver no controle, será capaz de obter tudo o que sentiu que Deus lhe negou". E, com a outra mão, ele começa a apontar todas as decepções da minha vida e questiona: "Por que Deus a privaria de tudo que é bom? Ele é um Deus muito restritivo. Suas regras não deveriam se aplicar à sua situação. É você quem realmente sabe de tudo".

A decepção acontece toda vez que fico frente a frente com a minha completa incapacidade de controlar as pessoas, as circunstâncias e o *timing*. Se eu pudesse controlar essas coisas, organizaria minha própria versão de perfeição. Eu seria a líder da minha vida e daqueles com quem convivo.

Eu faria, exatamente, o que Adão e Eva fizeram. Eu teria um caso de amor com meus próprios desejos. Eu venderia a minha alma por uma mentira embebida em veneno.

As coisas que, em minhas suposições, me dariam uma vida melhor são exatamente as mesmas que acabariam me matando.

Veja a perigosa progressão do que aconteceu com Eva:

Em Gênesis 2.16, as primeiras palavras de Deus a Adão, ao estabelecer a regra de não comer da árvore do conhecimento do bem e do mal, foram: "Você é livre". Deus lhe deu uma mensagem de liberdade com uma só restrição que era para sua proteção.

No entanto, quando a serpente citou essa regra para Eva, ela mudou a liberdade de Deus para uma completa restrição, sem liberdade alguma. Ao citar Deus, as primeiras palavras da serpente foram: *Não comam...* (Gn 3.1). E então ela terminou exagerando a regra ao dizer que Adão e Eva não deveriam comer de *nenhuma* árvore do jardim.

Eva ouviu o erro e corrigiu a serpente, mas depois acrescentou sua própria restrição ao citar incorretamente a regra de Deus: *Podemos comer do fruto das árvores do jardim, mas Deus disse: "Não comam do fruto da árvore que está no meio do jardim, nem toquem nele; do contrário vocês morrerão"* (Gn 3.2,3).

Deus nunca disse nada sobre tocar a fruta. E Ele certamente não disse que, se eles a tocassem, morreriam.

Eva supôs isso.

Por favor, veja como essa suposição foi perigosa. Ela ficou sozinha com seus próprios pensamentos e suposições. E isso a levou a duvidar de Deus e a assumir o controle para conseguir o que queria, o que ela achava melhor.

Dá para perceber como a serpente fez isso? *Certamente não morrerão! Deus sabe que, no dia em que dele comerem, seus olhos se abrirão, e vocês, como Deus, serão conhecedores do bem e do mal* (Gn 3.4,5).

Em outras palavras, o que ela quis dizer foi: "Eva, não é ruim querer ser como Deus, certo? Por que Ele a privaria disso?"

Não quero atribuir a Eva um pensamento que não podemos confirmar nas Escrituras, mas sua desobediência parece apontar para a mesma luta que tenho quando não gosto do plano de Deus: "Eu certamente faria isso melhor do que Deus".

Gênesis 3.6 diz: *Quando a mulher viu que a árvore parecia agradável ao paladar, era atraente aos olhos e, além disso, desejável para dela se obter discernimento, tomou do seu fruto...*

Note isso. Antes de Eva o comer, o pegou, o tocou, e... não morreu.

Em seguida, Eva o comeu. E o deu a Adão, que estava com ela e também viu que ela não morrera ao tocar o fruto. Então... Ele também o comeu. E aí o pecado entrou no mundo.

Dá para perceber como foi perigosa essa citação incorreta, essa compreensão errada da instrução de Deus? A suposição de Eva de que ela morreria quando tocasse o fruto parecia provar que Deus estava errado, reforçando a mentira da serpente de que a mulher poderia ser como Deus. E ela não morreu... Então, talvez ela soubesse mais que Deus. Essa perigosa percepção pode tê-la ajudado a justificar o próximo passo de comer o fruto. Essa é a progressão do pecado. E isso não foi apenas uma tragédia pessoal para Eva e seu marido. Ali foi introduzida a mais terrível realidade para toda a humanidade.

> A perfeição terminou.
> As maldições começaram.
> As consequências se desencadearam.
> Eles foram banidos do jardim.
> A morte espiritual foi imediata.
> A morte física tornou-se iminente.
> Do pó eles vieram e, agora, ao pó retornariam.

Porém, também temos aqui uma boa notícia: mesmo quando seguimos os passos de Eva, tentando assumir o controle, fazendo suposições e entendendo mal a Deus em todos os níveis, Ele ainda tem um plano. Um bom plano. Um plano de produzir algo bom do pó.

Finalmente, entenderemos que Deus não nos negou o melhor. Ele está nos oferecendo o melhor ao oferecer a Si mesmo. Ele é a nossa única fonte de perfeição deste lado da eternidade. E Ele tem um plano perfeito para o nosso pó.

Podemos ter medo de toda a decepção deste mundo fragmentado. Mas Deus não tem medo. Ele tudo conhece e está totalmente ciente de seus planos e propósitos finais. Seu intuito não é impedir que sejamos quebrados. É manter nossa alma conectada, profundamente ligada a Ele mesmo.

Sejamos honestos, se não estivéssemos decepcionados, nós nos contentaríamos com os prazeres superficiais deste mundo em vez de tratar do desespero espiritual de nossa alma. Não pensamos em consertar as coisas até percebermos que elas estão quebradas. E, mesmo assim, não chamamos os especialistas até admitirmos que não podemos consertar as coisas por nossa própria conta. Se nossa alma nunca sofresse com decepções e desilusões, nós nunca admitiríamos nem reconheceríamos nossa necessidade de Deus. Se nunca tivéssemos sido esfacelados, nunca conheceríamos o toque do Oleiro fazendo algo glorioso do pó, de nós.

LEVEI UMA ETERNIDADE PARA ME CONCENTRAR o suficiente e conseguir ler o primeiro par de parágrafos de *Uninvited*. Então as primeiras páginas se transformaram nos primeiros capítulos. Lágrimas escorreram pelo meu rosto e rolaram para a minha blusa. Apertei as páginas soltas contra o meu peito.

No ano anterior, Deus me dera o livro que eu tanto precisaria ler este ano.

Sabe aquela leitora que eu imaginara ajudar? Era eu mesma.

Talvez o *timing* e o assunto do meu livro não tenham sido um toque cruel de ironia.

Talvez tenham sido na medida certa. Para mim e para a minha situação atual. E para todas as outras pessoas que logo leriam o livro *Uninvited*.

Muito provavelmente, a minha atual rejeição tornasse muito mais autêntica a mensagem que em breve eu estaria transmitindo. Eu não estaria ensinando apenas com base em experiências passadas, mas em uma percepção ainda mais profunda de quão doloroso pode ser o processo de cura.

Eu não teria escrito minha história dessa maneira. Eu teria evitado tudo que se parecesse com "pó". Acho que todos nós o faríamos.

Vamos rever, em seguida, esse parágrafo que escrevi anteriormente:

> Quando o *timing* de Deus parece questionável, Sua falta de intervenção parece prejudicial, e Suas promessas parecem duvidosas, sinto medo. Fico confusa. E, ao estar sozinha com esses sentimentos, não posso deixar de me sentir desapontada por Deus não estar fazendo o que eu achei que um Deus bom deveria fazer.

Nenhum momento nos parece o momento certo para sermos quebrados e transformados em pó.

Em nenhum plano que Deus me apresentasse eu concordaria em ser quebrada em pedaços irreparáveis.

Eu simplesmente não aceitaria.

Que tragédia isso seria! Minha vontade controladora não produziria o pó necessário para que Deus fizesse tudo de novo que Ele tanto deseja para mim. E não é disso que todas as Suas promessas dependem? O velho se tornando novo.

Coisas mortas ganhando vida. Bem se originando do mal. Escuridão transformando-se em luz.

Se eu quiser Suas promessas, tenho de confiar em Seus métodos.

Devemos confiar que primeiro vem o pó e dele surgirá algo melhor.

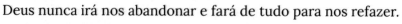
> Se eu quiser Suas promessas, tenho de confiar em Seus métodos.

Deus nunca irá nos abandonar e fará de tudo para nos refazer.

E se a decepção for exatamente aquilo de que sua alma precisa para radicalmente encontrar Deus?

Indo à fonte

> O pó, necessariamente, não significa o fim. Ele é o ingrediente necessário para que algo novo surja.

Lembre-se

- Vivemos em um mundo imperfeito no qual as coisas quebram.
- Pó é exatamente o ingrediente que Deus mais gosta de usar.
- Deus fala em termos de liberdade; Satanás fala em termos de restrição.
- Deus é a nossa única fonte de perfeição deste lado da eternidade. E Ele tem um plano perfeito para o nosso pó.
- Se eu quiser Suas promessas, tenho de confiar em Seus métodos.
- Deus nunca irá nos abandonar, e fará de tudo para nos refazer.
- E se a decepção for exatamente aquilo de que sua alma precisa para radicalmente encontrar Deus?

Receba

Contudo, Senhor, tu és o nosso Pai. Nós somos o barro; tu és o oleiro. Todos nós somos obra das tuas mãos. (Is 64.8)

Leia também:

- Gênesis 2–3
- Jeremias 18.6
- João 9.5,6

- 2Coríntios 5.1-5
- Apocalipse 21.5

Reflita

- Quando você sentiu sua vida ser esfacelada até virar pó?
- Como você se identifica com a história da desobediência de Adão e Eva?
- Em que área você está esperando um novo começo?
- De que modos você está disposta a confiar no método de Deus para sua vida?

Oração

Pai,
Este é um mundo imperfeito em que as coisas quebram. Mesmo assim, não posso deixar de me sentir completamente decepcionada e desiludida quando a mágoa se torna parte da minha história. Eu não gosto disso, eu não gosto do pó. Mas o pó é um dos Seus ingredientes favoritos para fazer algo novo, e acredito que o Senhor está trabalhando agora mesmo para fazer algo novo em minha vida. Eu sei que o Senhor nunca vai me abandonar, mas que fará de tudo para me refazer. Obrigada.

Em nome de Jesus. Amém.

CAPÍTULO TRÊS

Como superar os próximos 86.400 segundos?

"OK... Então virar pó é o que eu tenho pela frente, seguido de um glorioso *remake*. Mas... Como podemos consertar a dor de hoje? Tenho 86.400 segundos para viver. Existe algum plano para me ajudar a não me machucar hoje?", perguntei, olhando fundo nos olhos do meu conselheiro, fazendo força para não piscar.

Eu queria um plano, passo a passo, para me fazer atravessar o dia. Eu queria uma garantia de que, se eu o seguisse, a dor desapareceria. E, se ele não pudesse me dar algo assim, então eu queria uma pílula. Um comprimido que me ajudasse a dormir durante o próximo ano inteirinho, para que eu simplesmente pudesse acordar lá na frente, com tudo milagrosamente resolvido.

Eu sempre quero consertos milagrosos e sem dor.

Alguns dias atrás postei uma foto no Instagram. Eu estava coberta de suor. Só que não era como o suor das garotas atléticas perfeitamente maquiadas dos anúncios de roupas esportivas. Aqueles do tipo em que as garotas estão saltando obstáculos, correndo maratonas ou participando sorridentes de uma aula de *spinning*.[1] O suor brilha em cima de músculos perfeitamente

---

[1][NT]: Ciclismo *indoor*.

tonificados que gritam: "Eu não como *pizza*, eu vivo para treinar, tampouco uso qualquer tipo de modelador".

Impressionante... Sabe com o que eu me identifico nesse tipo de anúncio? Com absolutamente nada!

Meu suor é mais como: "Tadinha. Ela bem que tenta!" Minha maquiagem estava toda manchada. E o lápis com que eu pintara minhas sobrancelhas escorria pelas minhas bochechas.

Então, postei a foto com a seguinte legenda: "Aqui estou treinando. Misericórdia! Será que alguém não pode inventar uma máquina onde eu simplesmente me deite, enquanto ela mexe o meu corpo, queima todas as calorias a mais e ainda sussurra em meu ouvido como eu estou prestes a ficar maravilhosa?!" Mais de trezentas pessoas responderam pedindo para avisá-las, caso eu encontrasse essa máquina. Isso porque todos queremos resultados rápidos e sem dor.

Meu conselheiro não tinha uma solução rápida para me dar. Tenho certeza de que ele gostaria que existisse algum produto para poder aplicar em mim e em meus quinhentos lenços. Sério mesmo! Eu chorei tanto em algumas de nossas sessões que me vi torcendo os cantos dos lenços para ter algum lugar menos molhado. Isso não era tão perceptível enquanto minha mão apertava o lenço contra o meu nariz. Mas, por vezes, minhas gesticulações exigiam que eu utilizasse as mãos para enfatizar algo com grande emoção. Nesses momentos, o lenço em forma de cone chegava a ficar preso em minhas narinas, pendurado em meu rosto.

Sabe aquela estranha sensação de quando o seu interlocutor está com algo preso nos dentes? Você dificilmente consegue se concentrar no que ele, ou ela, está dizendo, porque fica pensando: *Isso é muito constrangedor! Conto, ou não conto...* E, enquanto isso, fica torcendo para que a sujeirinha seja pega pela língua e logo engolida.

Eu tenho certeza de que meu conselheiro perdeu parte do que eu disse, porque deve ter pensado: *Moça, você não percebe como é difícil ser um conselheiro empático quando você está com um lenço torcido pendurado em sua narina?*

Então... Sim, tenho certeza de que ele queria consertar muitas coisas em mim. Especialmente meu desejo de que tudo ficasse bem instantaneamente e minha recusa em me engajar no processo de cura.

Eu sabia que Deus faria com que tudo ficasse bem.

Eu sabia que Deus faria do meu pó algo novo e maravilhoso. Eu só não sabia como agir sem enlouquecer, a cada novo dia. Como quando, no hortifrúti, apoiei minha cabeça na banca de bananas, completamente exausta. Eu estava ali parada com um carrinho vazio, um coração cheio de dor e meu rosto apoiado na banca. Um jovem atendente me viu e não entendeu o que eu estava fazendo. Acho que ele presumiu que minha preocupação era sobre a escolha das frutas diante de mim. Então, por inspiração divina, ele perguntou: "Posso ajudá-la?". Eu olhei para ele. Lágrimas transbordaram de meus olhos. E tudo que consegui dizer foi: "Preciso de um lenço de papel".

Seja você um conselheiro, seja um atendente mal remunerado de um hortifrúti, é muito cansativo estar com alguém com tantas emoções e tantos lenços retorcidos.

> Quanto mais tempo evitamos sentir dor, mais retardamos nossa recuperação.

Meu conselheiro finalmente me deu a notícia de que, simplesmente, não havia uma maneira fácil de contornar as circunstâncias dolorosas do meu casamento. Eu teria que passar por elas. E isso me deixaria angustiada.

Sentir a dor é o primeiro passo para a cura. Quanto mais tempo evitamos senti-la, mais retardamos nossa recuperação. Podemos entorpecê-la, ignorá-la ou fingir que ela não existe, mas todas essas opções levam a um retrocesso, e não a um avanço.

A sensação de dor é como uma luz de alerta no painel do nosso carro. A luz acende para indicar que algo está errado. Nós podemos negar. Nós podemos ignorar. Podemos até supor que se trata de um pequeno problema no painel. Podemos inclusive ir ao mecânico e pedir-lhe para desligar "aquela luzinha chata". Porém, se ele for um bom mecânico, dirá que é tolice não prestar atenção naquela luz de alerta porque, se você não tomar providências, logo algo vai parar de funcionar. A luz de alerta não é para incomodar. É para proteger.

A dor também funciona desse jeito. O alerta da dor é para que finalmente desaceleremos o suficiente para tratar do que está acontecendo abaixo da superfície.

Eu não sei qual é a dor que você está enfrentando hoje. Mas desconfio que, seja qual for, ela deva ter alguma raiz na decepção. Você não achava que a sua vida seria do jeito que é. Você não imaginou passar pelas circunstâncias atuais. Você não supôs que estaria hoje como está. Você não pensou que os outros estariam como estão. E você não presumiu que Deus seria como é.

Dependendo do nível de sua dor, você usará palavras diferentes para descrever o que sente. Já usei, até aqui, expressões como: *desiludida, arrasada, deprimida* e à beira da frustração total. Sejam quais forem, as raízes de todos esses sentimentos podem ter origem no desapontamento, na decepção. Você está expressando que sua experiência de vida não corresponde às expectativas que você tinha sobre como sua vida deveria ser.

Esses sentimentos são dolorosos. E essa dor deve ser tratada.

Deus me ajudou, no verão anterior, a ver isso de forma bastante dramática.

EM UMA SEGUNDA-FEIRA DE JUNHO, acordei pensando que seria um dia como os demais. Porém, ele não foi nada comum. Senti como se minhas entranhas estivessem sendo repetidamente esfaqueadas. Fui acometida por ondas de náusea e estava desesperada por receber alívio. Tentei sair da cama, mas caí. Então eu gritei.

Minha família me levou rapidamente para o pronto-socorro, buscando atenuação das dores e ajuda. Passaram-se cinco exaustivos dias antes que eu melhorasse. Eu nunca havia sentido como poderia ser tão difícil viver mais uma hora, mais um dia. Eu nunca imaginara quão dolorosos sessenta segundos poderiam ser. E eu nunca desejara tão desesperadamente a morte antes, como única opção de alívio.

Estar deitada na UTI com o abdômen inchando cada vez mais, com tubos entrando e saindo de um corpo que se recusa a funcionar, e com uma máquina de analgésicos ajustada para aplicar as mais altas doses possíveis, e mesmo assim a dor não diminuir – tudo aquilo fazia a morte parecer bastante atraente.

De sentir-me muito bem voltando para casa das férias no domingo, passei a, na segunda-feira, estar péssima, encharcada em lágrimas e suor em um leito na UTI.

Como é possível?! Há anos eu tinha dores esporádicas no estômago, às vezes mais, às vezes menos. Mas a dor sempre ia embora, e eu sempre a ignorava pensando que poderia ter sido algo que eu havia comido ou então alguma virose. Só que a dor daquele dia não tinha como ser ignorada. Ela simplesmente me consumia.

No início, eu não conseguia nem pensar racionalmente. Entrei em pânico, tentando descobrir o que fazer para que a dor passasse. Eu estava cega de dor. E então, quando o pânico começou a dar lugar ao desespero, clamei para que Deus me ajudasse. "Tire esta dor, Senhor! Por favor, meu Deus, tire esta dor!"

Mas Ele não o fez. Não naquele instante. Nem no próximo. Nem mesmo no dia seguinte.

Seu silêncio me surpreendeu.

Como Deus pôde fazer isso? Como Ele pode dizer que sou sua filha, a quem Ele ama profundamente, mas permite que eu tenha uma dor tão intensa? Eu tenho filhos. Se, quando eles têm dor, eu pudesse tirá-la, simplesmente o faria. Deus poderia ter feito. Mas Ele escolheu não o fazer.

C. S. Lewis escreveu: "Acredito no cristianismo, como acredito que o sol nasceu: não só porque o vejo, mas porque por sua causa eu enxergo todo o resto."[2]

Eu gosto dessa citação. Ela é certamente digna de Facebook. Só que, no contexto do meu leito de hospital, quando a escuridão da dor parecia bloquear qualquer raio de luz, uma dúvida insurgente começou a ecoar em minha mente: o que você está vendo agora?

Eu me vi com dor. Eu me vi suplicando desesperadamente a ajuda de Deus. Eu não vi nenhuma evidência de que Ele estivesse respondendo ao meu clamor. Eu vi minutos dolorosos se transformando em horas e depois em dias. Eu vi médicos se questionando. Eu vi lágrimas nos olhos de minha mãe.

Eu vi medo nos olhos da minha família. Eu vi perplexidade nos olhos de meus amigos.

Eu não vi Deus fazendo nada a respeito daquela situação.

Não é isso que nos incomoda profundamente sobre o relacionamento que somos encorajados a ter com Deus? Um relacionamento não significa você comparecer quando necessário?

Poucas coisas me afetam mais do que ficar desapontada com as pessoas que me amam.

E quanto a ficar desapontada com Deus por Ele não Se fazer presente nos momentos de maior necessidade? Isso destrói a alma.

Não é que eu espere que Deus conserte totalmente a minha situação. Espero, no entanto, que Ele faça alguma coisa a respeito dela.

---

[2]Lewis C. S. "Is Theology Poetry?", *The Weight of Glory: And Other Addresses*. New York: HarperCollins, 2001, p. 140. [Edição em português: *O peso da glória* –Thomas Nelson Brasil.]

Eu continuei imaginando Jesus em pé ao lado da minha cama vendo minha angústia, observando meu corpo contorcer-se de dor, ouvindo meus gritos, mas escolhendo não fazer nada. E eu não conseguia conciliar esses pensamentos.

Isso também acontece quando ouço sobre algum bebê natimorto; sobre uma jovem mãe morrendo de câncer; um adolescente cometendo suicídio; alguém sofrendo em um campo de refugiados; ou sobre pessoas morrendo de fome em um país do Terceiro Mundo.

– *Onde o Senhor está, Deus?*

Quero dizer, os próprios seres humanos, que têm pequena dose de compaixão, são compelidos a fazer algo para ajudar outros em profunda angústia e dor.

Há alguns anos, meu marido e eu testemunhamos um terrível acidente de carro. Sem nem pensar, nosso instinto foi de ajudar imediatamente. Comecei a orar enquanto Art saltava da nossa caminhonete, corria em direção a um dos carros e afastava o motorista inconsciente para longe dos destroços fumegantes. Havia sangue por toda parte. Havia cacos de vidro e metal retorcido. E não havia nenhuma garantia de que fosse seguro agir daquela forma. Mas algo, dentro de nós, nos constrangeu a parar e a ajudar.

Nem mesmo conhecíamos aquelas pessoas. Nunca ficamos sabendo seus nomes.

Só que não poderíamos simplesmente continuar e não fazer nada. Não digo isso para parecer que temos uma auréola brilhante sobre nossa cabeça. Estou apenas dizendo que, mesmo sendo imperfeitos como somos, tivemos de fazer alguma coisa em prol daquelas pessoas.

Então, como um Deus perfeito pode, aparentemente, ficar em silêncio?

Nós, cristãos, contornamos esses horrores inexplicáveis com textos bíblicos, tópicos de sermões e clichês bem-intencionados, só que nos lugares menos confiáveis de nosso cérebro desviamos nosso olhar e, com expressão de dúvida, pensamos algo como: "Deus, essa conta não bate. Como, diante de todo esse sofrimento sem sentido, posso cantar sobre o Senhor ser um bom pai? Isso joga mais lenha na fogueira dos céticos. E, sinceramente, me faz chorar. Eu não quero questioná-Lo. Mas fica difícil quando estou tão desapontada. Parece que o Senhor não está Se importando".

Depois de cinco dos mais longos e aflitivos dias da minha vida, um novo médico veio ao meu quarto de hospital, todo paramentado e preparado para a cirurgia. Ele fez um último exame e, finalmente, tivemos algumas respostas. O lado direito do meu cólon havia descolado da parede abdominal e girado para o lado esquerdo. Com esse movimento, o fluxo sanguíneo foi completamente obstruído. Meu cólon havia aumentado do diâmetro normal, de quatro centímetros, para mais de catorze. Estava com o risco de romper-se desde os dez centímetros, e, se tivesse ocorrido, eu teria sentido alívio da dor intensa. E é nesse exato momento que muitos dos que sofrem com esse problema clínico sentem alívio da dor e vão dormir. Só que o estado clínico vai evoluindo até que ocorre um choque séptico e, então, eles morrem.

O cirurgião me explicou que eu precisava de uma cirurgia de emergência e que ele teria de remover a maior parte do meu cólon. Ele esperava poupar o suficiente para que meu corpo voltasse a funcionar adequadamente, mas não podia garantir. E, além disso, ele também não tinha certeza se eu conseguiria sobreviver à cirurgia.

Com essa notícia assustadora, abracei minha família, meu pastor orou comigo e, então, fui levada ao centro cirúrgico.

Semanas depois, quando eu já estava em casa me recuperando, o cirurgião me ligou. Ele recebeu o relatório da massa que fora removida, e não seria necessário nenhum outro tratamento adicional. No entanto, havia uma parte alarmante do relatório que ele não conseguia conciliar, mesmo com seus muitos anos de prática de medicina.

Ele disse: "Lysa, eu não gosto muito de como as pessoas usam o termo 'milagre'. Mas, sinceramente, é a única palavra que conheço para usar em seu caso. As células do seu cólon já estavam em estado de *autólise*, que é quando o cérebro comanda o seu corpo para começar a se autodigerir. É a decomposição. É o que acontece quando você morre, Lysa. Esse é o ponto mais perto da morte que se pode chegar em vida. Eu não posso explicar como você sobreviveu".

Eu desliguei o telefone, atordoada. De repente lembrei daqueles dias antes da cirurgia quando eu implorava a Deus que tirasse a dor. Eu havia questionado Deus. Eu me perguntava como Ele podia ter me deixado com tanta dor. E eu chorei, porque achei que Deus não Se importava com o que eu estava sentindo.

No entanto, Deus usou a dor para salvar a minha vida. Foi a dor que me manteve no hospital. Foi a dor que levou os médicos a fazerem mais exames. Foi a dor que me forçou a atentar para o que precisava ser urgentemente resolvido no meu corpo. Foi a dor que me fez concordar com a cirurgia. Foi a dor que ajudou a me salvar.

Se Deus tivesse tirado a dor, eu teria ido para casa, meu cólon teria se rompido, eu poderia ter tido um choque séptico e morrido.

Agora eu tenho uma imagem completamente diferente de Deus ao lado da minha cama no hospital, enquanto eu sofria e implorava que Ele me ajudasse. Ele não estava me ignorando. Não, eu acredito que usou de toda a Sua santa contenção para não intervir e remover a minha dor. Ele me amava demais para fazer o que eu estava implorando que Ele fizesse. Ele sabia de coisas que eu não sabia. Ele via muito mais longe do que eu conseguia ver. Sua misericórdia é grande demais, e Seu amor, mais profundo ainda.

De fato, Ele é um Pai muito, mas muito bom.

Meu cólon estava com problemas há tempos, e meu estômago também. Ocorre, porém, que a dor que eu sentia não era forte o suficiente para me levar a pesquisar o que estava acontecendo de forma mais relevante.

Isso é verdade não apenas no que diz respeito à dor física. Vale também para a dor emocional. Como visto no capítulo anterior, ela também foi nutrida por anos. E, além de tudo, eu não sabia como lidar com ela. Eu não sabia ao certo com o que estava lidando. Percebi que algo não estava bem, mas o discernimento nem sempre dá detalhes. Uma vez que a verdade veio à tona, a dor foi tão intensa que eu não podia mais ignorá-la. Eu tinha que fazer algo a respeito. E eu precisava da ajuda de Deus.

Deus quer sempre nos ajudar.

Pare aqui a sua leitura e faça essa afirmação pessoal. Diga isso em voz alta: "Deus quer me ajudar".

Agora, veja os versículos seguintes no contexto das muitas formas com as quais Deus deseja nos ajudar, mas no cerne de tudo está o processo de sermos transformados à imagem de Cristo. Ele é nosso melhor exemplo de como conciliar a fé divina e os sentimentos humanos; então, quanto mais nos tornarmos semelhantes a Ele, mais aprenderemos a confiar em Deus, não importa o que nossos olhos humanos vejam.

> *Durante os seus dias de vida na terra, Jesus ofereceu orações e súplicas, em alta voz e com lágrimas, àquele que o podia salvar da morte, sendo ouvido por causa da sua reverente submissão. Embora sendo Filho, ele aprendeu a obedecer por meio daquilo que sofreu; e, uma vez aperfeiçoado, tornou-se a fonte da salvação eterna para todos os que lhe obedecem.* (Hb 5.7-9)

Por favor, não passe apressadamente por essa verdade de tirar o fôlego. Jesus aprendeu obediência pelo que sofreu. Ele era totalmente Deus, mas também totalmente humano. Sua divindade era completa, mas Sua humanidade cresceu e amadureceu, e Ele aprendeu a obedecer.

Foi preciso muita obediência para viver com humanos volúveis, esquecidos, desrespeitosos, desconfiados e inflexíveis por causa do orgulho. Foi preciso muita obediência para amar as pessoas que cuspiam nEle, zombavam dEle e O prejudicavam de todas as formas. Foi preciso muita obediência para ir à cruz por essas mesmas pessoas. Por todas as pessoas. Por você e por mim.

Sua humanidade sofreu profundamente. Perceba a profunda angústia nessa realidade: *Jesus ofereceu orações e súplicas, em alta voz e com lágrimas, àquele que o podia salvar da morte* (Hb 5.7).

Sua humanidade disse: "Isso não, por favor!"

Sua humanidade chorou pedindo por algo diferente.

Sua humanidade implorou por outro caminho.

Mas a obediência que Ele aprendeu com o sofrimento levou-O a confiar em Deus além do que Seus olhos físicos podiam ver.

> Oh, meu Deus, ajude-me a confiar além do que posso ver com meus olhos físicos. Quando ventos incontroláveis chicoteiam ao meu redor, vindos de todos os lados, e se arremetem contra mim, eu preciso de algo para me suster. Segure-me. Mantenha-me inteira quando as circunstâncias ao redor se despedaçam. Eu quero confiar no Senhor, além do que meus olhos podem ver.

Você pode imaginar como seriam menores nossos níveis de ansiedade, medo, angústia e mágoa se pudéssemos realmente confiar em Deus? Não quero apenas usar as palavras "confiar em Deus" porque é praxe o cristão dizê-las. Não quero só cantar "confio em Deus" porque é a letra de um hino de louvor. O que estou realmente querendo dizer é a importância de se separar um momento específico. Uma hora para declararmos que confiaremos em Deus em meio ao sofrimento que estivermos passando, e assim possamos nos lembrar sempre de nossa decisão. Em meio à decepção. Na situação atual.

Jesus marcava muitos de Seus momentos. Lemos inúmeras vezes sobre como Ele saía para orar e estar com Seu Pai celestial. Ele estava prestes a enfrentar algo muito difícil, e precisaria de um momento marcante com o Pai para trocar Seu desejo humano pela vontade de Deus. Lemos sobre um dos mais memoráveis desses momentos em Marcos 14, quando Ele pede a Deus: *Pai [...] Afasta de mim este cálice...* Sua humanidade queria um plano diferente, mas Ele terminou Seu pedido com a declaração final de confiar em Deus: *... contudo, não seja o que eu quero, mas sim o que tu queres* (Mc 14.36).

Quando Jesus nos ensinou a orar, Ele novamente deixou como modelo momentos marcantes de confiança diária.

> *Vocês, orem assim:*
> *"Pai nosso, que estás nos céus!*
> *Santificado seja o teu nome.*
> *Venha o teu Reino;*
> *seja feita a tua vontade,*
> *assim na terra como no céu.*
> *Dá-nos hoje o nosso pão de cada dia..."*
> (Mt 6.9-11)

Isso é obediência. Isso é confiança. Obediência é a prática diária de confiar em Deus. E a única maneira de obter a confiança necessária para sobreviver e crescer nesta vida entre dois jardins é pelo nosso sofrimento.

Sim, sofrimento. Ele nos faz questionar se Deus não é cruel, deixando-nos em dúvida sobre a bondade de Deus. Foi isso o que não consegui entender naquela cama de hospital. O sofrimento é a parte do plano de Deus da qual eu não quero jamais participar. Não desejo para mim, para você e para ninguém!

Aqui está a coisa mais maluca de todas. Deus não quer que você e eu soframos. Mas Ele permitirá que passemos por doses de sofrimento para aumentar nossa confiança. Nossa dor e pesar não têm como objetivo nos magoar, mas nos salvar de uma vida de autossuficiência, de orgulho, de egoísmo e da maior dor de todas as dores... a separação de Deus.

Pense no motivo que nos leva a segurarmos firmemente uma criança, impedindo que ela corra para a rua. O puxão inicial pode causar a ela dor e confusão. Mas esse pequeno sofrimento tem em vista o bem maior, que é salvar a criança do enorme sofrimento de ser atropelada por um carro.

A situação com meu cólon provocou muita dor e confusão. Só que foi para o bem maior de me salvar de uma ruptura de intestino e, possivelmente, da morte.

Confiar em Deus é confiar em Seu tempo. Confiar em Deus é confiar em Seu caminho. Deus me ama demais para responder às minhas orações em qualquer outro tempo que não no tempo certo e de qualquer outra maneira que não da maneira certa. No silêncio, em meio às situações que não parecem ter nexo, essa verdade faz muito sentido.

Então eu digo novamente que confio nEle, e meu sofrimento diminui. Essa verdade me acalma.

Deus me ama demais para responder às minhas orações em qualquer outro tempo que não no tempo certo e de qualquer outra maneira que não da maneira certa.

Isso não muda o fato de desejarmos que o sofrimento desapareça. Eu quero ser feliz. Eu quero a *normalidade*. Eu quero que as coisas sejam mais fáceis. Quero acordar amanhã pela manhã com os braços do meu marido ao meu redor e ele me afirmando que tudo não passou de um pesadelo. É isso que eu quero. Porque isso é tudo que consigo imaginar como um bom plano.

No entanto, Deus vê coisas que eu não consigo ver. Ele sabe de coisas que eu não sei. Só Deus sabe qual é o bom plano e o

> "Deus me **AMA** demais para responder às minhas orações em qualquer outro tempo que não no tempo certo e de qualquer outra maneira que não da maneira certa."

que será necessário para me conduzir até lá. E, acima de tudo, Ele sabe que, se eu visse o plano completo à frente, eu pararia no meio do caminho e me recusaria a continuar com o Seu plano. Eu acho que o custo é muito alto; o caminho, muito assustador; o trajeto, muito sinistro; e o inimigo, muito tenebroso. Nenhum ser humano é suficientemente forte para suportar ver, antecipadamente, o plano de Deus, que deve ser revelado diariamente, aos poucos, lentamente.

Jesus é o único perfeito para nos mostrar o caminho, a verdade e a vida. Ele entende como os 86.400 segundos de um dia podem ser difíceis. Deus não Se afasta quando estamos sofrendo e nos diz: "Boa sorte. Não gosto que você sofra, mas seja bem-vindo à realidade de viver em um mundo mergulhado no pecado. Espere. Lide com isso. Eventualmente, vou fazer algo de bom com essa situação".

Não!

Deus enviou Seu Filho Jesus para nos ajudar, porque Ele Se tornou ser humano.

Jesus veio para compartilhar de nossa humanidade. Para sentir o que sentimos. Para sentir a nossa dor. Para sofrer como sofremos. Para ser tentado como somos tentados. Para derrotar o que nós tememos. Para nos libertar da maldição do pecado e da morte. E para nos conduzir através desta vida entre dois jardins.

> *Portanto, visto que os filhos são pessoas de carne e sangue, ele também participou dessa condição humana, para que, por sua morte, derrotasse aquele que tem o poder da morte, isto é, o Diabo, e libertasse aqueles que durante toda a vida estiveram escravizados pelo medo da morte. [...] Por essa razão era necessário que ele se tornasse semelhante a seus irmãos em todos os aspectos, para se tornar sumo sacerdote misericordioso e fiel com relação a Deus e fazer propiciação pelos pecados do povo. Porque, tendo em vista o que ele mesmo sofreu quando tentado, ele é capaz de socorrer aqueles que também estão sendo tentados. (Hb 2.14,15,17,18)*

Mas não perca o versículo seguinte! A próxima sentença! Ele é a nossa resposta quando estamos em pé ao lado de uma banca de frutas, com o coração tão arrasado e achando que simplesmente não aguentamos mais. Ou quando estamos deitadas em uma cama de hospital sem perspectivas, com médicos confusos e uma dor de estômago convulsiva.

Nós não precisamos olhar para o atônito rapaz da banca de frutas, ou para os médicos perplexos. Nós temos onde buscar ajuda. Nós temos um Salvador a quem erguer o nosso olhar.

> Portanto, santos irmãos, participantes do chamado celestial, fixem os seus pensamentos em Jesus, apóstolo e sumo sacerdote que confessamos. (Hb 3.1)

Fixar nossos pensamentos em Jesus é fechar nossos olhos e estabelecer esse momento declarando que nossa confiança está em Deus. Dizer a Deus, em voz alta, como Jesus fez: ... *contudo, não seja o que eu quero, mas sim o que tu queres* (Mc 14.36), e deixar de nos fixarmos nas circunstâncias que estão ao nosso redor. Devemos parar de tentar entender coisas que não fazem sentido em nossa vida e parar de pedir o conhecimento, o qual é pesado demais para carregarmos.

Esse foi o motivo de Deus não querer que Adão e Eva comessem da árvore do conhecimento do bem e do mal. Aquele conhecimento lhes daria um fardo que nunca foi do plano de Deus que carregassem. E talvez seja por isso que não tenhamos todas as respostas a respeito de nossas situações. Deus não tem a intenção de ser distante, misterioso ou difícil de entender. Ele está sendo misericordioso.

Não precisamos conhecer o plano que Deus tem para nós para acreditar que o plano existe.

Não precisamos nos sentir bem para confiar que coisas boas virão.

Não precisamos ter evidências de mudanças para acreditar que nem sempre será tão difícil.

Só temos de fechar nossos olhos físicos e direcionar nossos pensamentos a Jesus. Fixar nossos pensamentos nEle. Repetir Seu nome várias vezes. Deus não quer ser explicado; Ele quer ser convidado.

Agora mesmo Ele está pronto a atender a quem quer que realmente esteja a chamá-Lo.

Aqui está você em meio a um mundo louco e cruel... E você, nessa realidade, é uma pessoa suficientemente corajosa para invocar o nome de Jesus e confiar nEle. Você tem aprendido que as decepções não são motivos para fugirmos. Elas são razão de mudanças. Um caminho que poucos encontram.

Fuja do profundo desejo de obter todas as respostas; de conhecer mais do plano para sua vida e, assim, ter de carregar um peso que não lhe cabe carregar.

Faça uma escolha diferente da de Eva. Ela reivindicou obter todo o conhecimento de imediato, ignorando o plano de Deus. Se ao menos ela tivesse visto aquela outra árvore... a Árvore da Vida. A árvore do melhor plano de Deus e a perfeita provisão. Estava lá, esperando por ela. Ela teve uma escolha.

Nós também temos.

As Escrituras nos lembram: *A esperança que se retarda deixa o coração doente, mas o anseio satisfeito é árvore de vida* (Pv 13.12).

Que maravilha!

A árvore do conhecimento do bem e do mal pode não estar à nossa vista física hoje, mas Satanás certamente continua fazendo uso desse mesmo sentimento de decepção, dessa mesma esperança adiada. Ele quer que tenhamos profunda decepção com nossas expectativas não atingidas, pois, dessa forma, nosso coração ficará cada vez mais doente. Ele quer que fiquemos cada vez mais desiludidos com as circunstâncias, com outras pessoas e com Deus. Ele quer que nossa dor se torne cada vez mais intensa a ponto de perdermos completamente a visão de Jesus. Em seguida, a morte parecerá atraente.

Todo o tempo Jesus está dizendo: "Não neguem minhas feridas, nem a cura que eu morri para lhes dar. Eva dirigiu-se à árvore errada e encontrou a morte. Eu fui pendurado em uma árvore para trazer vocês de volta à vida. Eu sou a concretização de seus anseios. Eu sou a sua Árvore da Vida".

Charles Spurgeon certa vez pregou: "Meus queridos amigos, vocês nunca verão a árvore da vida nitidamente, a menos que olhem primeiro para a cruz [...]. Dessa forma, Jesus Cristo pendurado na cruz é a árvore da vida no inverno".[3]

Na hora mais escura que este mundo já conheceu, Jesus morreu em uma cruz, em uma árvore, como diz Gálatas 3.13 (KJ): *Cristo nos redimiu da maldição da lei, fazendo-se por nós maldição, porque está escrito: Maldito todo aquele que for pendurado em uma árvore*. Assim como as árvores no inverno parecem estar mortas, uma transformação redentora ocorreu quando Jesus estava pendurado na cruz.

Sua vida pode estar escura hoje, mas, não se engane, há uma obra poderosa ocorrendo.

Jesus está no processo de transformar seu sofrimento em sabedoria. E essa sabedoria se transformará em vida! Jesus está nos dizendo: "Nada do que você deseja se compara a essa sabedoria. Eu vou transformar sua aflição em paz; seu desgosto, em honra. E valerá a pena".

Então, eu deixo a banca de frutas e peço desculpas ao rapaz. Eu não preciso de respostas. Eu preciso de Jesus. Eu preciso que a sabedoria dele fale bem alto em minha vida agora. Eu preciso da verdade dele lavando minhas feridas neste momento. Preciso parar com a loucura de minhas próprias avaliações e

---

[3]Spurgeon, C. H. "Christ the Tree of Life", *The Metropolitan Tabernacle Pulpit Sermons*. Vol. 57. London: Passmore & Alabaster, 1911, p. 242, 245.

suposições. Minha alma foi feita para estar segura. E é exatamente o que Deus nos oferece.

Mesmo quando não entendemos. Mesmo quando as coisas não fazem sentido, especialmente quando estamos decepcionados.

Por favor, não me entenda mal – não estou dizendo que isso seja fácil ou descomplicado. A ferida continua doendo.

Outras pessoas tiveram a mesma emergência médica que eu tive, só que elas não sobreviveram. Da mesma forma, há outros tantos horrores, desgostos e condições desumanas acontecendo neste mesmo segundo por todo o mundo. Inexplicável. Insondável. Indescritível dor.

Só preciso olhar para o túmulo da minha irmã, que morreu jovem demais e com muita dor, para lembrar que nada é fácil nem simples. Algumas coisas nunca serão consertadas deste lado da eternidade; teremos de passar por elas.

Porém, quando meu cérebro me pede para duvidar de Deus – o que certamente ocorre –, encontro alívio para minha incredulidade quando rejeito minhas avaliações e suposições humanas. Eu tiro os olhos da árvore do conhecimento e fixo meu olhar na Árvore da Vida. Eu deixo minha alma ser embalada pela segurança divina de Deus e por Seu Filho Jesus, que me entende plenamente e me acompanhará em cada passo, enquanto meu foco continuar nEle.

Foi assim que sobrevivi aos 86.400 segundos chamados hoje.

Indo à fonte

> Deus me ama demais para responder às minhas orações em qualquer outro tempo que não no tempo certo e de qualquer outra maneira que não da maneira certa.

Lembre-se

- Deus acabará fazendo com que tudo fique bem.
- Sentir a dor é o primeiro passo para a cura. Quanto mais tempo evitamos senti-la, mais retardamos nossa recuperação.
- Deus não quer ser explicado; Ele quer ser convidado.
- Decepções não são motivos para fugirmos. Elas são razão de mudanças.
- Encontro alívio para minha incredulidade ao parar de fazer avaliações e suposições humanas.

Receba

A esperança que se retarda deixa o coração doente, mas o anseio satisfeito é árvore de vida. (Pv 13.12)

Leia também:

- Mateus 6.9-11
- Marcos 14.36
- Hebreus 2.14,15,17,18; 3.1; 5.7-9

Reflita

- Quais de suas orações estão, aparentemente, sem resposta de Deus?
- Como você está convidando o Senhor para as situações que você enfrenta cotidianamente e como você pode se achegar mais a Ele?
- Deus está atuando poderosamente em sua vida. Como você pode, hoje, descansar nessa verdade?

Oração

Pai,
O Senhor é um Deus bom em quem posso confiar. Ajude-me a, nos momentos difíceis deste dia, declarar minha confiança no Senhor. Há mais coisas acontecendo hoje do que meus olhos físicos podem ver. Quando minha dor já é muito profunda e acho que não aguentarei mais um segundo de sofrimento, ajude-me a lembrar que o Senhor tem um plano e que posso contar com a Sua proteção. Ajude-me a reconhecer o Seu plano e a Sua proteção. Ajude-me a trocar minha falta de fé pelo alívio de não precisar resolver essa situação. Eu só tenho que fixar meus pensamentos em Jesus e na forma como Ele me guiará. Eu faço deste momento um marco de confiança e declaro que não preciso entender, mas confiar.

Em nome de Jesus. Amém.

CAPÍTULO QUATRO

Pés bronzeados

Outro dia, alguém fez um comentário sobre meus pés serem bronzeados. Eu não sabia o que responder. "Obrigada" parecia estranho. Esse tipo de comentário poderia ser feito por várias razões, de modo que eu não tinha certeza se era uma simples afirmação ou uma forma sutil para descobrir se eu não lavava meus pés havia algum tempo! Será que eles pensavam que o bronzeado era sujeira? Ou eles achavam que eu tinha ficado tão ousada e me bronzeado artificialmente? Ou ainda que eu usava muito sandálias e com o tempo meus pés foram adquirindo aquela cor?

A última resposta é a correta.

Então, eu simplesmente respondi: "Quando sua vida não exige sapatos, seus pés ficam bronzeados!"

Eu não pretendia parecer lastimosa nem filosófica. Estava apenas sendo sincera. Provavelmente mais transparente do que qualquer um de nós poderia imaginar. Então rimos e alguém sugeriu que orassem por mim. E foi isso.

Eu olhei para os meus pés e percebi que estava me sentindo melhor. Aquilo não era evidência de uma cura profunda, mas já era um começo. E, fazendo um paralelo, eu tinha ficado tempo suficiente "exposta ao sol" sem todas as proteções, e pretensões, de esconder um exterior que estava sofrendo por dentro.

Então me ocorreu que, quando o desespero é grande, passamos, por um tempo, a viver mais devagar. E, nesse período, devemos aquietar todo o barulho externo para que a voz de Deus se torne a mais alta em nosso interior. Ali eu percebi que nenhum de nós pode simplesmente desistir da vida quando ela está se esfacelando. Mas, podemos sim, desistir de algumas coisas.

Eu cortei quase toda a TV e as mídias sociais.

Eu deixei de ler as notícias *on-line* e escolhi, mais do que nunca, ler a Palavra de Deus.

Eu troquei o silêncio ensurdecedor do vazio em minha vida, enchendo-o com música de louvor.

Cortei ao máximo minhas atividades e comecei a passar mais tempo com meus filhos e com os amigos que vinham me visitar.

Eu cortei conversas com algumas pessoas curiosas e, intencionalmente, procurei aconselhamento pastoral e mais proximidade com aqueles amigos com quem eu sabia ser seguro me abrir.

Cortei os compromissos que tinha em dar palestras e me preparei para, nesse tempo, gastar um tempo cuidando de mim.

Então descobri algo maravilhoso!

Quando você sofre, é necessário diminuir o ritmo. Uma das coisas positivas do meu tempo de provação foi poder ter um estilo de vida em que eu não precisava usar sapatos. E, quando você não usa sapatos, o sol tem acesso aos seus pés.

Fazendo um paralelo espiritual, quando você diminui o ritmo, Jesus, o Sol da Justiça, passa a ter acesso e ilumina partes de sua vida que, em geral, costumamos cobrir.

Cargos e tarefas, no mundo empresarial, recebem títulos impressionantes para demonstrar importância. Usamos de falsa humildade para provar secretamente quanto somos prestigiados! Dizemos "foi Deus quem fez", mas, no fundo, achamos que fomos nós que fizemos. Fazemos comentários mostrando superioridade para competir com os outros, mas todos com insinuações de velada comparação. Teorizamos sobre Deus e fazemos elogios a terceiros para encobrir nossas próprias áreas carentes, que necessitam avidamente de atenção.

Nós, simplesmente, não tiramos nossos sapatos tempo suficiente para que nossos pés fiquem bronzeados.

Nós não nos expomos.

Simplesmente não despimos nossos medos na frente dos outros.

Quando a vida desmoronou completamente para mim, não só meu maior medo se tornou realidade, mas minha dor interior foi publicamente exposta. Chorar na quietude do meu quarto era muito menos aterrorizante do que ler as opiniões das pessoas sobre a ruptura do meu lar na Web. Travesseiros encharcados de lágrimas não me envergonhavam com suas opiniões, não debatiam minha sanidade ou maturidade espiritual, nem ficavam dando opinião a respeito do que eu devia ter feito.

Mas as pessoas fazem tudo isso.

Não todas, mas as toscas e orgulhosas. Pessoas que tiram o foco de sua própria necessidade de cura e ficam apontando as feridas dos outros. Uma coisa é certa: os primeiros a criticar são, frequentemente, os mais desesperados para manter escondidos seus próprios pecados secretos ou dores não resolvidas.

Eu estou aberta a ouvir quem compartilha comigo uma porção de sabedoria bíblica e/ou considerações resultantes de oração. Mas essas conversas devem acontecer face a face, com lábios compassivos, e não por meio de artigos digitados com dedos frios. Menos ainda, em conversas paralelas em que o julgamento é mascarado pela expressão: "Estou compartilhando isso com você para que possa orar por ela".

Graças a Deus, ao tomarem conhecimento do desgosto que se abateu sobre minha família, grande parte das pessoas mostrou-se gentil e compassiva, respeitando minha dor e orando por nós. Mas, em meio às pessoas sinceras, bastava aparecerem uns poucos intrometidos que já faziam com que os fragmentos de angústia penetrassem cada vez mais fundo. Quando pessoas inexperientes com a dor aguda elaboram conjecturas e tiram conclusões infundadas, chego a garantir duas coisas:

- Elas temem lidar com suas próprias dores e passam a vida tentando expor os outros.
- Elas não têm pés bronzeados.

Passei um bom tempo durante esse verão em que fui exposta, pensando em como lidar com pessoas machucadas. E logo mais abordarei esse tema. Porém, a primeira coisa com que tive de lidar foi o medo das opiniões, rumores e comentários de outras pessoas.

Depois de pesquisar na Bíblia, fiquei absolutamente surpresa ao ver por onde Deus queria que eu começasse. Não com eles, mas comigo. Não com o que falavam, mas com o meu medo.

Afinal, nunca conseguirei controlar o que as outras pessoas pensam ou conversam. Mas, com a ajuda do Espírito Santo trabalhando em mim, posso aprender a controlar quanto eu permito que o medo de suas opiniões influencie minha vida. E, trabalhando em meu próprio coração, terei mais chance de caminhar para a frente. Quanto mais eu me concentrar em querer que os outros mudem, mais frustrada ficarei. Mas a frustração pode se transformar em motivação para que eu consiga começar esse meu projeto pessoal.

Meus medos.

Minhas preocupações com base no medo.

E minha ansiedade banhada no medo.

Eu e meus pés bronzeados decidimos "atacar", em primeiro lugar, uma lista com pequenos medos. Achei que começar com itens maiores como ansiedade e preocupação era como tentar inflar manualmente uma piscina do tamanho do Kansas. Isso pode ser feito, mas você provavelmente desmaiaria e desistiria antes mesmo de ver qualquer resultado. Mas... e começar com bolas de praia de tamanho infantil? Elas são factíveis, mesmo para um pulmão mediano.

Então, decidi pensar em algo que eu temia, mas que seria factível conquistar hoje.

Um biquíni.

Jesus, por favor, assuma o controle. Eu *não* consigo. Eu nem acho que um biquíni se alinha com a minha teologia. Ou biologia. Muito menos com minha anatomia de 48 anos. De jeito nenhum. Sem chance!

Com olhos arregalados e as linhas da testa profundamente esculpidas em minha expressão, eu me obriguei a ir até uma loja. Havia uma coleção de pequenos triângulos com tiras costuradas para formar a maior parte dos fundos e do topo. Então, tive certeza de que aquela tinha sido a ideia mais idiota que eu já tivera, desde que me entendo por gente.

Eu sabia que aquela experiência não tinha absolutamente nada a ver com um traje de banho. Não tinha absolutamente nada a ver com teologia, biologia ou anatomia. Por outro lado, tinha tudo a ver com fazer algo físico que me possibilitaria ver o que acontecia no espiritual. Não se pode varrer o medo e jogá-lo no lixo. O medo não é concreto. Ele paira e nos assombra no reino espiritual. Ataca no invisível. Então, trazê-lo à vista em forma de um biquíni me ajudou a tocá-lo. Agarrá-lo. E, com um mínimo de coragem, lá fui eu a uma liquidação e escolhi o biquíni mais conservador de todos, mas ainda completamente temerário, e... declarei guerra.

Eu continuei mentalmente afirmando, repetidamente, que esse espírito de medo não vinha de Deus (2Tm 1.7). Portanto, aquele medo tinha de estar vindo do inimigo. Eu coloquei o biquíni na esteira do caixa e, depois de pagá-lo, ele foi parar em um saco plástico depositado no banco do passageiro do meu carro. Enquanto eu me dirigia para casa, fui sentindo uma estranha e desconhecida coragem surgindo em meu interior. Finalmente em casa, abri a embalagem. Fui vestindo e amarrando a peça. E, passo a passo, completamente sozinha na privacidade do meu quarto, chegou o momento mais difícil de todos: olhar-me no espelho.

Foi exatamente nesse ponto que o medo se intensificou até o nível mais alto de todos. Eu tinha de ver o meu reflexo, vestida daquele jeito, se eu realmente quisesse enfrentar aquele medo.

O inimigo nos quer paralisados e enredados pelos murmúrios e dúvidas, pelas opiniões, acusações e mal-entendidos de todas as outras algemas criadas pelo medo.

Parada ali, sentindo-me completamente aterrorizada por me olhar no espelho, me ocorreu: O que dá poder ao meu medo do que os outros possam estar pensando, acusando e dizendo, não são as pessoas. Nem mesmo o inimigo. Mas... sou eu quem decide se suas declarações terão ou não poder sobre mim. Sou eu e meu intenso desejo de ficar escondida. Eu não quero me expor, de forma alguma. Mesmo que eu estivesse usando um maiô tradicional, ainda me sentiria nua. E eu não quero ficar em evidência, porque não sei como me portar sem ficar envergonhada.

Aí está a raiz desse medo. Eu me permiti acreditar que, se eu me despojasse de todos os meus pertences, pretensões, elogios e aprovações, estaria me despindo das melhores partes de mim. Quando na realidade o que há de melhor em mim vem à tona quando estou mais próxima do jeito que Deus me criou, nua e sem sentir vergonha.

Estar nu e não sentir vergonha era o estilo de vida no jardim do Éden. *O homem e sua mulher viviam nus, e não sentiam vergonha* (Gn 2.25).

Adão e Eva podiam fazer isso, porque não havia outras pessoas a dar opiniões. Só havia o próprio Deus, com Seu amor incondicional. E lá estavam eles, diante do Grande Criador, cujo coração explodia em esperanças, sonhos e propósitos sobre aquelas duas vulneráveis, mas preciosas criaturas. Elas eram Sua alegria. Sua criação. Seu reflexo.

"O INIMIGO nos quer paralisados e enredados pelos murmúrios e dúvidas, pelas opiniões, acusações e mal-entendidos."

Nus. Sem, no entanto, estarem envergonhados. E, portanto, completamente sem medo. Para mim, virar-me para o espelho vestida daquele jeito foi um momento em que tive de rejeitar o meu medo. Foi um retorno à mentalidade do jardim. Aquela realidade em que posso ficar nua sem ter que lutar com outras opiniões, pois só havia o amor do próprio Deus. Devo dizer que para habitar nesta vida entre dois jardins é preciso que se faça a paz com o estar nu e não sentir vergonha. Não necessariamente para o mundo ver. Só entre Deus e eu.

Cerrei meu punho e comecei a lembrar das declarações que algumas pessoas haviam feito. Eu precisava "falar" com aquelas declarações e remover seu poder de minha vida.

Quando meu pai biológico disse: "Eu gostaria de nunca ter tido filhos", interpretei da seguinte forma: "Você não é desejada." E essa declaração alimentou meus medos.

Quando as meninas do ensino médio disseram: "Lysa, a perdedora", o combustível para o meu medo foi "Você não é aceita".

Quando o garoto, por quem eu tinha uma queda, disse: "Eu gosto de ser seu amigo", a interpretação que me provocou medo foi "Você não é bonita o suficiente".

Quando a outra mãe disse: "Seu filho é o pior de todos", o combustível para o meu medo foi "Seus filhos serão tão atrapalhados quanto você".

Então, veio a mais dolorosa das declarações, quando meu marido me disse que tinha conhecido outra pessoa. O combustível para o meu medo era: "Todas as piores coisas que você ouviu sobre si mesma são verdadeiras". Então, não faltou combustível nas declarações dos outros, daqueles que me conheciam e dos que não me conheciam, mas tinham ouvido falar de mim. Toda e qualquer afirmação ia direto ao núcleo das minhas vulnerabilidades e inseguranças. Eu temia suas declarações, porque elas simplesmente ampliavam meus pensamentos e me assombravam.

Se algo dito a meu respeito não for verdade, eu deveria ser capaz de fazer como diz a letra da música *Shake It Off* da cantora

Taylor Swift e simplesmente "deixar pra lá". Se for uma crítica que não procede, eu então deveria encará-la como um mau odor que incomoda por alguns segundos, mas logo passa.

Mas, se alguém disser algo que eu já imaginei sobre mim mesma, provavelmente não serei capaz de discernir se a crítica procede ou não. E acabo "acariciando" o que foi dito e, sem que eu perceba, aquela fala acaba forçando entrada e, mesmo contra minha vontade, se instalando dentro de mim!

Uma vez instalada, essa crítica surge bem na hora em que estou experimentando aquele biquíni e me lembra de todas as razões pelas quais eu nunca deveria encarar o espelho. As frases malditas? Surgem em sequência – "Você vai odiar o que vê. Que vergonha se expor desse jeito! Você deve abominar ser a pessoa que é!"

Assim como Adão e Eva, eu quero sair correndo. Quero me cobrir. Eu ouço Deus chamando por mim, mas tenho medo porque estou nua, e então eu me escondo.

Você não acha interessante o que Deus disse a Adão? Ele não perguntou sobre o pecado que cometera. Ele não lhe deu um "sermão". Ele não apontou suas falhas nem o repreendeu por tudo que acabou ficando imperfeito no mundo por ele ter comido do fruto proibido. Não. As duas primeiras declarações de Deus para Adão foram:

Onde está você? (Gn 3.9).

E *Quem lhe disse que você estava nu?...* (Gn 3.11).

Deus sabia as respostas para aquelas perguntas, mas Adão não. Deus questionou Adão daquela forma, para que ele processasse o que acabara de acontecer, por meio da memória, da resposta e, finalmente, pelo arrependimento mediante a confissão.

Mas, por favor, leia as palavras de Deus dentro de uma "Sinfonia de Compaixão". Havia ternura nas ações de Deus; portanto, acredito que houve carinho em seu tom. Adão e Eva estavam com medo. É por isso que eles se esconderam de Deus e também por isso eles pegaram folhas de figueira e se cobriram. Mas, em vez de culpá-los e envergonhá-los, Deus trocou suas folhas de figo por peles de animais. As roupas foram feitas artesanalmente para cobri-los. Isso prefigurou o derramamento do sangue de Jesus para cobrir nossos pecados. Deus sabia, naquele dia no jardim do Éden, que o pecado seria coberto pelo sangue de um animal, mas um dia seria o sangue de Seu Filho vertendo em uma cruz. Seu ato *final* de compaixão foi prefigurado por aquele *primeiro* ato de misericórdia. Sim, houve consequências – o pecado sempre traz junto um pacote com decorrências. Mas não perca de vista a ternura que Deus demonstrou por Seus primeiros filhos, tampouco o carinho que Deus tem por você.

Se estivéssemos juntas agora, eu me voltaria para você, com lágrimas nos olhos, com um coração solidário, e perguntaria em um sussurro: "Quem disse que você estava nua? Quem disse que você não é a mais gloriosa criação do Deus Todo-poderoso? Quem lhe disse, e o que lhe foi dito, que a despiu e quebrou seu coração?"

Seja o que for que lhe tenham dito, se for contrário à verdade, *deve ser chamado de mentira!*

A Palavra de Deus é a verdade e diz que você é uma filha amada de seu Pai celestial.

Você foi maravilhosamente formada.

Você é preciosa.

Você é linda.

Você é totalmente conhecida e generosamente amada por ele.

Você foi escolhida

Você é especial.

Você foi separada.

Não importa o que você tenha feito, ou o que tenha sido feito a você, essas palavras de Deus são verdadeiras.

Que possamos escolher, cuidadosamente, do que devemos lembrar e do que devemos esquecer.

Eu me lembro rapidamente das palavras que me prejudicaram, mas demoro para me lembrar das palavras restauradoras de Deus.

Devemos focar nossa mente e nosso coração na lista anterior, escolhendo lembrar, repetir e acreditar nas palavras de Deus sobre nós.

> Precisamos deixar a Palavra de Deus se tornar as palavras da nossa história.

Devemos deixar que a Palavra de Deus se transforme nas palavras nas quais fixamos nossa mente e nosso coração.

Devemos deixar a Palavra de Deus se tornar as palavras que acreditamos e recebemos como verdade.

Precisamos deixar a Palavra de Deus se tornar as palavras da nossa história.

EU OUVI UMA SINFONIA DE COMPAIXÃO inundar o meu quarto. Eu ouvi Deus repudiando as declarações dolorosas e removendo seu poder. "Quem lhe disse isso? Essas pessoas não são vulneráveis, quebradas e magoadas? Você consegue ter compaixão delas, sem ser dominada pelo que pensam? Você consegue ter compaixão de si mesma? Quem lhe disse que você estava nua? E quem lhe disse que você nua não é maravilhosa?"

Engoli em seco e me virei para o espelho.

Eu me virei e não morri. Nem me encolhi. Lá estava eu, totalmente exposta. Minha idade era evidente. Minha pele flácida estava à mostra. Minha cicatriz cirúrgica ia de cima abaixo, como um ponto de exclamação. Mas eu estava em pé. Forte. Talvez mais forte do que eu jamais estivera em toda a minha vida.

Eu quase podia sentir o medo perdendo seu controle. Sentindo-me livre de suas garras, quase me vi inspirada a sair em público. Até que, com certeza, Jesus assumiu o controle da minha vida e ordenou a mim e a meus pés bronzeados que deixássemos essa lição penetrar profundamente, lá no âmago, dentro dessa nova e destemida parte de mim. Eu estava nua, mas não me envergonhava disso. Pelo contrário... Sentia-me profundamente amada por Deus.

Indo à fonte

> Quando você diminui o ritmo, Jesus, o Sol da Justiça, passa a ter acesso e ilumina as partes da vida que, em geral, costumamos cobrir.

Lembre-se

- Preciso aprender a controlar quanto de medo permito ter acesso à minha vida.
- O inimigo nos quer paralisados e enredados pelos murmúrios e dúvidas, pelas opiniões, acusações e mal-entendidos.
- Para habitar nesta vida entre dois jardins é preciso que se faça a paz com o estar nu e não sentir vergonha.
- Precisamos deixar a Palavra de Deus se tornar as palavras da nossa história.
- Sou profundamente amada por Deus, mesmo quando estou desnuda.

Receba

O homem e a sua mulher viviam nus, e não sentiam vergonha. (Gn 2.25)

Leia também:

- Gênesis 3.9,11
- 2Timóteo 1.7

Reflita

- A quem você deu tanto poder, para que suas palavras sobre você estar nua a deixassem com medo? Como essas palavras a afetam?
- Você já teve medo de lidar com suas "partes cobertas", a ponto de tentar expor outras em vez delas? Como isso aconteceu?
- Você está vivendo paralisado pelo medo em vez de desfrutar da realidade de que é profundamente amado por Deus? Como?

Oração

Pai,
Confesso que passo muito tempo revisitando mentalmente as palavras ofensivas ditas por outras pessoas a meu respeito em vez de, propositadamente, lembrar a minha alma de Suas palavras curadoras. Eu chego hoje, ao Senhor, com uma alma cansada. Cansada de correr. Cansada de se esconder. Cansada de sentir que nunca sou boa o suficiente. Ajude-me a receber as palavras que o Senhor diz que são verdadeiras a meu respeito e a acreditar nelas: Que sou preciosa. Que sou linda. Que sou escolhida e separada... mesmo com todas as minhas falhas. Mesmo com todas estas cicatrizes. Tire todos os rótulos, todas as mentiras e até mesmo as máscaras com as quais eu tenho tentado desesperadamente me enganar, e me ajude, hoje, a ficar em pé diante do Senhor. Nua e sem sentir vergonha. Totalmente conhecida e generosamente amada.

Em nome de Jesus. Amém.

CAPÍTULO CINCO

Pinturas e pessoas

Era 21 de julho. Meu 48º aniversário. Eu estava em um dos períodos mais difíceis do meu sofrimento. O tempo do pó. Eu não fui capaz de pensar, como costumamos fazer nessas ocasiões: "Já que é meu aniversário, vou planejar algo interessante, sonhar um pouco..."

Não. O futuro parecia incrivelmente assustador. Eu só podia encarar o que viria pela frente em pequenas doses de tempo, e não em semanas e meses, muito menos em um ano inteiro.

Quando a vida está sendo desconstruída, cada milésimo de segundo à frente é um ilustre desconhecido. Até mesmo a próxima respiração. A previsibilidade pacífica do que se achava que a vida seria é repentinamente substituída por inesperados silêncio e escuridão, aos quais não estamos acostumados. É como se, de repente, faltasse energia em um escritório sem janelas. Tudo estava agitado. O que era repleto de atividade e produtividade, de planos e detalhes importantes, de chefes liderando e de funcionários trabalhando, fica quieto como um corredor de hospital.

A escuridão tem a capacidade de engolir o entusiasmo pelo futuro.

Não, nesse aniversário eu não iria olhar para o próximo ano e ter sonhos sobre como construir sobre os quarenta e sete anos anteriores. Não havia como agir dessa forma, pois um blecaute de proporções épicas tinha acabado de escurecer todas as minhas esperanças, sonhos e expectativas sobre a segurança do meu amanhã.

No ano do meu 48º aniversário, nosso filho caçula iria para a faculdade. Seria, aparentemente, uma época de aproximação do casal, dado o ninho vazio. Não haveria mais horários fixos para levar os filhos à escola, nem reuniões de pais e mestres em uma noite de terça-feira. Essas coisas faziam parte da desafiante época de criar uma família. Agora, porém, poderíamos ficar despreocupados e planejar um jantar em plena terça-feira. Uma longa caminhada na quarta-feira. E então fazer um programa maluco, saindo em uma manhã de sexta-feira para viajar para as montanhas ou para a praia.

As páginas da nossa vida seriam tão divertidas e previsíveis como naqueles lindos livros de colorir para adultos. Vinte e cinco anos de casamento ajudaram dar *forma* à vida, de modo que tudo que tínhamos de fazer agora era adicionar *cor*. Colorir o que já é um lindo desenho é previsivelmente divertido para mim. Não há estresse quando o maior desafio é decidir se vai colorir as flores de roxo, amarelo ou rosa.

No entanto, nesse meu 48º aniversário, abri o livro para colorir, mas alguém havia apagado todos os lindos desenhos.

Não havia nada além de páginas em branco. Espaços vazios. Infinitas possibilidades de medo e fracasso.

Metaforicamente falando, minha vida agora era uma tela em branco.

Acho que compartilhei esse sentimento com minha mãe. E sabe o que ela fez? Ela sugeriu – não, na verdade ela exigiu – que, no meu aniversário, comprássemos algumas telas em branco e tintas. Ela queria que fôssemos a uma loja de artesanato e dividíssemos o espaço com alguns artistas verdadeiros. Todos saberiam que eu era um "peixe fora d'água" na loja de artesanato, com meu olhar perdido vagando pelos inúmeros itens nas prateleiras, intimidada por tantas coisas brilhantes e macias. Uma transeunte entre os pincéis.

Sobre pincéis, a propósito, aprendi rapidamente que eles vêm em aproximadamente 467 opções, para estressar e confundir "artistas como eu" quando entramos na tal loja, sem mencionar todos os diferentes tipos de tinta. Então havia zilhões de opções de cores que me deixavam com vontade de deitar no meio do corredor e tirar uma soneca. Imagine minha mãe tentando explicar a todos os verdadeiros artistas por que sua filha de 48 anos estava naquele estado.

Graças a Deus, havia pouco movimento na loja de artesanato naquele dia. Assim, a animada vendedora de avental e tranças, com conhecimento de pintura, teve tempo para nos ajudar.

Nós recolhemos nossas compras e voltamos para casa.

Enquanto eu dirigia, afirmava a mim mesma que seria bom e divertido, e que não haveria pressão por obter resultados perfeitos com esse lance de pintura. Eu estava com minha mãe, que sempre foi excessivamente entusiasta com tudo que eu tentei fazer. Ela adoraria qualquer borrão que aparecesse em minha tela. Foi ela que, quando me ouviu apresentar o resumo de um livro na escola de ensino fundamental, decidiu que eu deveria ser a primeira mulher presidente dos Estados Unidos. Pobrezinha!

Ela também gostou tanto de um conto que escrevi que queria que eu, por toda lei, ligasse para Willie Nelson e pedisse que ele escrevesse uma música para o meu texto. Willie Nelson! Tenho certeza de que ele está sentado perto do telefone hoje, esperando que uma garota estranha, cheia de artigos de uma loja de artesanato, ligue para ele para receber ajuda em sua carreira musical. E então, como se não bastasse, ela também ia querer que eu *me oferecesse para cantar a música com ele!*

Pergunte-me se eu canto.

Não.

Nem pinto.

Mas eu garanto a você que, ali no meu carro cheio de artigos de artesanato, minha mãe estava fazendo planos em sua cabeça sobre qual museu apreciaria mais a minha primeira pintura: o Museu Metropolitano em Nova York ou a Galeria Nacional em Washington. Ninguém nunca disse a ela que algumas obras de arte são adequadas "para a geladeira da mamãe", mas não para uma galeria.

Eu amo o entusiasmo dela... Até que seja direcionado a mim, enquanto estou segurando um pincel espalhando tinta para todo lado.

Minhas irmãs vieram pintar conosco, e isso pelo menos ajudou a dividir a animação da mamãe.

Eu pintei um barco. Todas elas pintaram anjos.

Ao mesmo tempo que minha mãe estava certa – foi terapêutico de várias maneiras –, também foi uma experiência de vulnerabilidade apavorante.

Foi a minha vez de ser pintora em vez de observadora. Foi a minha vez de enfrentar o desapontamento do ponto de vista de um artista. E, sendo a pintora, eu mostraria minha habilidade e, temerosa, revelaria minha inabilidade. Deparei com uma citação do livro *Art and Fear* [Arte e medo] que expressa isso melhor: "Fazer arte fornece um *feedback* desconfortavelmente preciso sobre a lacuna que inevitavelmente existe entre o que você pretendia fazer e o que você fez."[1] E a lacuna nunca fica em silêncio, pois reverbera com comentários. Infelizmente, para muitos de nós, eles são negativos. Esse é um dos artifícios de Satanás. Ele adora pegar um belo momento da vida e preenchê-lo com uma narrativa negativa sobre nossos fracassos, que ressoa repetidamente até abafar a voz de Deus.

---

[1] BAYLES, David e ORLAND, Ted. *Art & Fear.* Image Continuum, 1993, p. 4.

Satanás corrompe a realidade de que somos filhos amados de Deus. Ele quer que nossos pensamentos estejam fortemente entrelaçados em seus pensamentos.

É isso que ele pensa. Este é o seu roteiro: "Você não é bom o suficiente". Nós o ouvimos quando tentamos criar. Nós o ouvimos quando tentamos corajosamente começar algo novo. Ouvimos isso quando tentamos superar o que foi e entrar no que poderia ser.

Lembre-se: enquanto Deus transforma *com* a verdade, o inimigo corrompe *a* verdade. Deus nos quer transformados, mas Satanás nos quer paralisados. Então, quando ouvimos pensamentos como "Eu não sou boa o suficiente" que nos fazem recuar, devemos ter em mente que o inimigo fará tudo o que puder para impedir que nos aproximemos de Deus ou que nos conectemos mais profundamente com outras pessoas. Essa "verdade" que pensamos ouvir não é nem de perto a verdade real. No capítulo 9, falaremos mais sobre as três maneiras pelas quais o inimigo nos ataca. Mas, por enquanto, fique tranquilo, Deus quer que nos aproximemos dEle, apesar de nossas imperfeições.

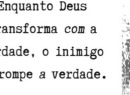

Enquanto Deus transforma *com* a verdade, o inimigo corrompe *a* verdade.

O inimigo da minha alma não me queria pintando naquele dia. Criar significa que eu fico um pouco mais parecida com o meu Criador. Superar a angústia aterrorizante da tela em branco me conduziu a ter compaixão por outros artistas. Acredite que, quando eu pintei as primeiras pinceladas azuis e cinzas na tela branca diante de mim, a sentença "não é bom o suficiente" estava pulsando em minha cabeça de forma quase ensurdecedora.

Por favor, note que o inimigo não deixa esse *script* "não é bom o suficiente" como um sussurro geral que passa pelos nossos pensamentos. Não, ele o torna muito pessoal. Tão pessoal, na verdade, que concluímos que é uma avaliação autêntica da evidência crescente de que ficamos muito aquém. Nem distinguimos que isso tudo vem do inimigo, porque a voz que ouvimos repetidamente é a nossa própria voz.

Eu não sou boa o suficiente.

Quando foi a última vez que você teve esse pensamento sobre si mesma? Talvez você não estivesse com um pincel na mão. Mas eu sei que você também o teve. Toda vez que você se sentir decepcionado consigo mesmo, o inimigo repetirá essa fala.

Essa mentira paralisante é uma de suas táticas favoritas para mantê-lo desiludido pelas decepções. As paredes ficam mais altas, as emoções afloram, ficamos cautelosos, defensivos, desmotivados e paralisados pelas infinitas maneiras pelas quais nos sentimos fadados ao fracasso. E é aí que desistimos. É aí que colocamos as crianças diante da TV porque nada nos livros sobre criação de filhos parece estar funcionando. É quando nos acomodamos ao descompromisso do *Facebook* em vez de abraçar a tarefa mais desafiadora de explorar a Bíblia, o livro transformador de Deus. É quando arranjamos um emprego simplesmente para ganhar dinheiro em vez de perseguirmos nosso chamado para fazer a diferença. É quando buscamos relacionamentos superficiais em vez de investir em verdadeira intimidade. É quando jogamos o pincel fora, sem nem ao menos tentar pintar.

De repente, eu estava lá. Em pé diante da pintura do meu barco azul, escolhendo a qual voz ouvir.

Estou convencida de que Deus estava sorrindo. Satisfeito. Pedindo que eu me deleitasse no que era certo. Querendo que eu tivesse compaixão por mim mesma, concentrando-me na parte da minha pintura que expressava algo de belo. Ele queria que eu oferecesse essa beleza a quem se atrevesse a olhar para o meu barco. Devemos criar para amar os outros. Não implorar por sua aprovação.

Mas o inimigo estava corrompendo tudo isso. A perfeição zombou do meu barco. A proa era muito alta; os detalhes, muito elementares; o reflexo na água, muito abrupto; e a popa do barco estava descentralizada. A decepção exigia que eu focasse de forma exagerada o que não parecia estar certo.

Eu devia escolher a qual narrativa me apegar: "Não é bom o suficiente" ou "Encontre prazer no que está certo". Ambas giravam em minha mente, implorando-me para declará-la como verdade.

Eu estava lutando para fazer as pazes com a minha criação artística, porque estava lutando para fazer as pazes comigo mesma como criação de Deus. Sempre que não nos sentimos bons o suficiente, negamos a poderosa verdade de que somos uma obra gloriosa de Deus ainda em andamento.

Somos imperfeitos porque estamos inacabados.

Então, como criações inacabadas, é claro que tudo que tocarmos terá imperfeições. Tudo o que tentarmos fazer terá imperfeições. Tudo o que realizarmos terá falhas. E foi aí que me ocorreu: eu espero de mim e dos outros uma perfeição que nem o próprio Deus espera. Se Deus é paciente com o processo, por que eu não posso ser?

Quantas vezes deixei que as imperfeições me fizessem ser muito dura comigo mesma e muito rude com os outros?

Obriguei-me a enviar uma foto do meu barco para pelo menos vinte amigos. A cada mensagem enviada, eu estava lentamente fazendo as pazes com as imperfeições da minha pintura. Eu estava determinada a não ser retida pelas acusações do inimigo de que minha obra de arte não era suficientemente boa para ser considerada "arte de verdade". De novo, isso não foi para obter aprovação, mas para confirmação de que eu podia ver imperfeições na minha pintura, mas não a considerar sem valor. Eu posso ver as imperfeições em mim e não me considero sem valor. Isso é um ato de autocompaixão.

Precisamos chegar a esse ponto de autocompaixão se quisermos ter verdadeira e profunda compaixão pelos outros. O desapontamento implora que fiquemos secretamente enfadados

> "Somos imperfeitos porque estamos INACABADOS."

com tudo e com todos que têm lacunas, tudo e todos que também lutam contra o roteiro de "não ser bom o suficiente". Mas e se, em vez de ficarmos tão profundamente desapontados com todos, víssemos como eles são carentes de compaixão? O artista, o escritor, o pregador, a prostituta, o professor, os motoristas de *vans* escolares, os atletas, as esposas, os maridos, os solteiros, os colegas de trabalho, os adolescentes, as crianças pequenas, as celebridades, aquelas pessoas no topo do mundo, e as esquecidas no fundo do poço. Sem exceções. Todos precisam de compaixão.

Isso tudo extrapolou a minha compreensão do mundo, antes do meu período de profunda decepção. Superficialmente, não parece haver riscos em não ter compaixão pelos outros. Mas não se engane: a falta de conexão compassiva com nossos semelhantes faz parte de um plano muito maior do inimigo.

Se ele puder nos distrair com a narrativa negativa de "não é bom o suficiente", perderemos a metanarrativa, a grande história de redenção na qual Deus pretende que todos nós desempenhemos um papel crucial. Entenda que o tempo investido em estar presente e mostrar compaixão a outro ser humano não é um tempo perdido. Pelo contrário, é nossa chance de trazer conteúdo, propósito e significado para a vida. Momentos tranquilos de compaixão são momentos de grande batalha. Acontecem quando silenciamos o caos e a decepção apresentada por Satanás com a verdade de Apocalipse 12.11: *Eles o venceram pelo sangue do Cordeiro e pela palavra do testemunho que deram*. Jesus ofereceu o sangue. Devemos oferecer a palavra do nosso testemunho.

Triunfamos quando colocamos nossas decepções nas mãos de Deus e dizemos: "Confio no Senhor para redimi-las e devolvê-las a mim como parte do meu testemunho". Nossas decepções sobre nós mesmas – sobre nossa vida – não são apenas peças isoladas demonstrando que não atingimos as metas e que a vida é difícil. Não, elas são os momentos exatos que permitem que nos abramos com outras pessoas e digamos: "Também passei por isso. Eu entendo. Você não está sozinha. Juntos, podemos encontrar uma saída".

Assim como compartilhar o pão com uma pessoa faminta nutre nosso corpo com alimento, compartilhar nosso coração com uma pessoa ferida nutre nossa alma com compaixão. Nós acolhemos o conforto que de Deus recebemos em meio aos nossos desapontamentos e o compartilhamos para levar conforto aos outros. Nas palavras do apóstolo Paulo, *Bendito seja o Deus e Pai de nosso Senhor Jesus Cristo, Pai das misericórdias e Deus de toda consolação, que nos consola em todas as nossas tribulações, para que, com a consolação que recebemos de Deus, possamos consolar os que estão passando por tribulações* (2Co 1.3,4).

> Quando demonstramos compaixão pelos outros, nossas próprias decepções não soam tão vazias, nem nossas tristezas, tão doloridas.

Quando demonstramos compaixão pelos outros, nossas próprias decepções não soam tão vazias, nem nossas tristezas, tão doloridas.

ALGUMAS SEMANAS DEPOIS DE COMEÇAR minha aventura com a pintura, minha casa estava cheia de telas. E eu decidi que estava na hora de ir a uma exposição de arte para ver o trabalho de outras pessoas. Agora que me "atrevi" a ser pintora, senti que poderia compartilhar segredos com outra pintora. Eu conhecia seu medo, sua angústia, sua decepção, seu autoquestionamento sobre ser suficientemente boa. Ela não precisava se preocupar em manter tudo isso em segredo, porque eu não exigiria que seus quadros correspondessem a expectativas irreais. Eu ofereceria compaixão.

Eu agora sabia o que era ficar diante de cada pintura com nada além de amor, admiração e prazer. Recusei-me a exigir qualquer outra coisa da artista. Eu só queria apreciar cada peça que ela, corajosamente, colocou em exibição. Eu lutei, com unhas e dentes, contra todo pensamento negativo.

Será que eu seria suficientemente corajosa para ficar diante de seu trabalho e exigir de mim encontrar beleza nele? Deixar de lado minha agressividade e decepções irritantes e trocar minha mentalidade de "atingir expectativas" por uma de "fazer-me presente"? É muito mais libertador simplesmente fazer-me presente e buscar o bem. Libertar-me das minhas decepções secretas. Deixar meu cérebro se aventurar pela pequena fresta de amor. Um pouco de doçura nesse mundo forjado por julgamentos sombrios, comentários mal-humorados, opiniões rudes e demonstrações arrogantes de desagrado.

À medida que eu passava por todas as pinturas daquela exibição, eu me expunha a elas.

Finalmente, percebi o que torna as pinturas tão agradáveis. São suas imperfeições. Nós já sabemos que uma pintura não vai parecer uma fotografia. E é isso que a torna arte. Teve o toque humano. Ela foi criada por alguém com mãos suadas e que não consegue transferir a perfeição divina que seus olhos veem para seus pincéis.

Mesmo os melhores pintores farão algo fora de escala, fora de alinhamento, uma sombra muito escura ou um cabelo muito grosso. Haverá falhas. E é aí que devemos tomar uma decisão crucial: o que fazer com a decepção?

Será que vamos vê-la aquém da precisão que buscamos? Uma caricatura da perfeição? Algo inapropriado? Outra decepção para adicionar à lista de todas as outras que constantemente sentimos?

Ou vamos ver a pessoa por trás da tinta? O coração que ousou segurar o pincel encharcado de cor. Lembre-se de que ela foi corajosa. Que ela se revelou. Assumiu o risco. Enfrentou os desapontamentos secretos dos outros. E sobreviveu. E deixou sua marca.

Eu a amo por fazer isso.

E, portanto, posso amar o trabalho dela.

Ousamos ter afeição por uma pintura, não por causa de nossa tolerância a ela, mas porque apreciamos a maneira como ela carrega suas imperfeições. É única e pessoal. Ela expressa com eloquência algo que nossa alma entende pela conexão invisível que temos quando ficamos diante dela.

Há uma explosão de coragem que emerge da tela se não tivermos medo. No momento em que o pintor repousa o pincel e recua feliz, ela permite que a pintura lhe roube algumas batidas de seu próprio coração, por você, o admirador. Feche seus olhos e receba esse presente muito humano sem nenhuma exigência por mais ou por melhor. Apenas se exponha e viva.

A maneira como nos expomos a uma pintura é um reflexo direto da maneira como nos expomos às pessoas.

Independentemente de quem e como sejam, há apenas uma maneira de se expor diante de pinturas e pessoas. Compassivamente. Isso não significa que você concorda com tudo o que elas dizem ou fazem. Mas significa que você valoriza cada uma delas como pessoa. Alguém que precisa de compaixão.

Eu gosto da palavra "compaixão". É estar ciente de que todos nós temos as imperfeições profundamente gravadas em nosso ego nu. Todos nos encobrimos. E ficamos nus quando as vitórias se tornam fracassos. Quem você quer que esteja perto de você naqueles momentos encharcados de decepção e saturados de tristeza? Posso garantir que não são as pessoas que não conhecem a história toda, envoltas em orgulho banhado a ouro, com boca ansiosa para dizer: "Seu erro foi tal... Eu jamais faria dessa forma. Se, pelo menos, você tivesse feito isso ou aquilo..."

Não. São aqueles usando vestes de compreensão. Eles já experimentaram pessoalmente que esta vida entre dois jardins pode, às vezes, tornar extremamente dolorosa a simples tarefa de ser humano. Eles têm em mente as instruções da Bíblia sobre o convívio com nossos semelhantes. *Portanto, como povo escolhido de Deus, santo e amado, revistam-se de profunda compaixão, bondade, humildade, mansidão e paciência* (Cl 3.12).

Nós devemos nos revestir, diariamente, de cada uma dessas características, como um pintor aplica cores que ele sabe que irá conectar sua criação com os outros. Deus quer que você, que é criação dEle, se conecte e leve luz e vida com pinceladas de compaixão. Note que a compaixão é o primeiro item da lista de Colossenses 3.12. É por meio da compaixão que *bondade, humildade, mansidão e paciência* fluem naturalmente. Assim como as melhores pinturas têm o ponto focal mais claro, Deus quer que você e eu, suas preciosas criações, tenhamos a compaixão como o ponto focal.

Quando as pessoas nos veem, elas veem a compaixão do Criador?

Se assim for, garanto que, quando o inimigo nos vê, ele treme de medo. Ele não tem medo da alma crítica com falso senso de perfeição. Mas o que dizer da alma compassiva que, depois de sofrer profundamente, continua amando? Sim, ela é uma das superestrelas da grande história de Deus e aquela que você quer perto de você nas batalhas da vida.

Ela ostenta as cicatrizes do sofrimento e mal pode esperar para contar sua história de sobrevivência para que você também possa sobreviver. Ela tem grande compaixão por todas as coisas criadas, sejam elas cobertas por tinta, pele ou poeira.

A única maneira de obter mais dessa compaixão é você pegar um pincel e tomar assento com seu próprio sofrimento. Se você já experimentou uma escuridão inesperada, um silêncio e um mutismo aos quais você não está acostumado, saiba que esses tempos difíceis, essas decepções devastadoras, esses períodos de sofrimento não são sem propósito. Neles, você vai crescer. Eles vão moldar e abrandar você. Eles permitirão que você experimente o conforto e a compaixão de Deus. Porém, você só encontrará o propósito e o significado da vida quando permitir que Deus use suas experiências dolorosas e conforte outras pessoas. Você poderá compartilhar uma esperança, que é única, porque sabe exatamente como é estar no lugar delas.

Em meu período de sofrimento, eu me senti como se tivesse lambido o chão do inferno. Em comparação, agora tudo mais parece um pouco mais celestial. Posso garantir. Eu sei o que estou falando. Considero pinturas e pessoas mais belas do que nunca antes. Pinturas e pessoas precisam da compaixão que tenho agora. Pinturas e pessoas precisam da perspectiva mais esperançosa que eu possa dar. Agora é a sua vez – cada ferida pode se tornar um tipo de ajuda.

Pegue o pincel. Sinta a tensão. Sinta o medo e o peso de cada olhar, de todas as opiniões, de todos os olhares. Escolha mudar, apresentando-se com a verdade de Deus que dá a vida não corrompida pelos golpes mortais do desencorajamento do inimigo. Deixe seu coração bater rápido e forte, selvagem e aterrorizado. Batendo contra o seu peito e implorando para você juntar-se a ele.

Mostre-se.

As pessoas precisam de você. As pessoas precisam de mim. As pessoas precisam saber que a compaixão de Deus está viva e bem, vencendo a batalha épica do bem contra o mal. As pessoas precisam saber que *redenção* é mais do que apenas uma palavra.

Coloque um pouco de tinta nos espaços vazios. Corrija a cor da sua perspectiva. Esqueça os anseios por zonas de conforto. Troque seu comodismo pela compaixão. Não aceite a dureza do coração como parte da vida. Encharque-se com tinta. Coloque o pincel na tela. Ela é sua. Declare-se um pintor. E, quando alguém roubar todos os desenhos do seu livro de colorir, continue colorindo o mundo assim mesmo, com a mesma compaixão generosa que Deus oferece diariamente.

Seja como Ele. O Criador, o Artista-Mestre.

Não seja como eles. Os que odeiam com coração duro. Aqueles que se recusam a admitir que também estão faltando alguns desenhos em seus livros de colorir. Aqueles que se recusam a compartilhar segredos com seus semelhantes. Aqueles que preferem criticar a confortar. Aqueles que estão prontos a dar opiniões fortes, mas que nunca sofreram com uma tela em branco.

Pegue o pincel e ilumine o mundo com sua cor e suas tentativas de criar. Não pense em ser perfeito. Nem finja que é possível. Não se desculpe ou crie estratégias. E não minimize que você está esmagando o medo e o julgamento a cada pincelada. Você está andando no caminho do artista. Você está simplesmente se mostrando com compaixão. E eu amo você por isso. Eu amo tudo o que está prestes a ganhar vida em sua tela, para a glória do nosso Criador Todo-poderoso. Deus. O Redentor do pó. O Redentor de cada um de nós.

"Mãe, coloque a música do Willie Nelson para tocar. Vamos pintar e cantar juntas até as quarenta e oito velas se apagarem..."[2]

---

[2][NT]: *When the Candle Lights Are Gleaming* [Quando as velas estiverem acesas] – música de Willie Nelson.

Indo à fonte

> Somos imperfeitos porque estamos inacabados.

Lembre-se

- Enquanto Deus transforma com a verdade, o inimigo corrompe a verdade.
- Deus nos quer transformados, mas Satanás nos quer paralisados.
- Criar significa que eu fico um pouco mais parecida com o meu Criador.
- Deus não espera perfeição, de modo que não devemos esperá-la de nós mesmos, nem dos outros.
- Precisamos chegar a esse ponto de autocompaixão se quisermos ter verdadeira e profunda compaixão pelos outros.
- Momentos tranquilos de compaixão são momentos de grande batalha.
- Devo trocar minha mentalidade de "atingir expectativas" por uma de "fazer-me presente".
- As pessoas precisam saber que a compaixão de Deus está viva e bem, vencendo a batalha épica do bem contra o mal.

Receba

Bendito seja o Deus e Pai de nosso Senhor Jesus Cristo, Pai das misericórdias e Deus de toda consolação, que nos consola em todas as nossas tribulações, para que, com a consolação que recebemos de Deus, possamos consolar os que estão passando por tribulações. (2Co 1.3,4)

Leia também:
- Colossenses 3.12
- Apocalipse 12.11

Reflita

- Quando as pessoas veem você, elas veem a compaixão de seu Criador? De que forma?
- Quantas vezes você deixou que as imperfeições levassem você a ser muito duro consigo mesmo e rude com outras pessoas?
- Como seria, em sua vida diária, levar compaixão à medida que se mostra aos outros?

Oração

Pai,
Não quero permitir que decepção e mágoa façam com que eu encare a vida de forma mais cautelosa do que criativa. Mais crítica que compassiva. Mais cínica do que submissa. Obrigada pelas maneiras com que o Senhor, mansamente, me encontra em meu quebrantamento e minha dor.
E obrigada por me lembrar que ainda tenho luz e beleza para oferecer a este mundo. Hoje, estou escolhendo pegar o pincel. Nenhuma tentativa de perfeição. Sem desculpas ou estratégias. Apenas eu. Iluminando este mundo com minhas cores. Mostrando-me com sua compaixão e graça.
Em nome de Jesus. Amém.

CAPÍTULO SEIS

Demorado demais, difícil demais

Acho importante ressaltar, a esta altura do livro, que não sei quando ou como as circunstâncias da minha vida serão restauradas. Às vezes, você só tem que permitir que as pessoas que você ama caminhem de um lado da rua, enquanto você caminha do outro.

Nossos conselheiros são sábios, e nós os ouvimos. Eles sabem como nos orientar. Nós precisamos deles. Então, durante esta parte da jornada, Art não está morando comigo. Não há uma parte de mim que queira ou goste disso. Mas essa é a realidade.

Chego em casa às noites, e ela está silenciosa. Nossos filhos já são adultos e, apesar de nos visitarem frequentemente, após os encontros familiares cada um vai para sua casa. Incluindo o Art. Não consigo descrever a dor que me dá vê-lo caminhar pela calçada da frente e depois ir embora. Nossa casa costumava ser superagitada e cheia de atividade, mas agora está tão quieta quanto uma cidade deserta. Os ventos da tempestade se foram, mas as consequências tornam impossível, no momento, retornar ao que antes era *normal*. Fazemos breves visitas ao que nos era habitual, mas há muitos detritos emocionais com os quais temos de lidar. Pouco a pouco, progredimos, dando dois passos para a frente e um para trás. Mas, quando as luzes se apagam, estou sozinha.

Silêncio e um assombroso desapontamento sobre a minha situação atual vão para a cama comigo no escuro. E essas são as minhas companhias no meio da noite, quando me acometem os pesadelos. Essa realidade ainda está presente toda vez que meus olhos se abrem a cada novo dia.

Não digo isso para que você tenha pena de mim, mas para dizer que eu entendo como é difícil quando as decepções profundas persistem. Seja qual for seu desapontamento, você, provavelmente, tem momentos no meio da noite em que luta com as próprias lágrimas.

A gritante frustração dos testes negativos de gravidez, um mês após outro, enquanto suas amigas mais próximas estão decorando seu quarto de bebê.

O vazio em seu coração, porque a pessoa que você ama não se esforça por entender você, raramente o anima e parece que não quer se conectar intimamente com você.

A exaustiva frustração de nunca ter sido escolhida para uma oportunidade de trabalho, ou ministério, com a qual tem sonhado há tempos.

O medo esmagador de ver seus filhos fazerem escolhas erradas, apesar de suas constantes orações por eles.

O desgosto de ver uma amizade se desfazendo, apesar de todos os seus esforços para preservá-la.

Os sintomas dolorosos de uma doença crônica que o deixam fraco, frustrado e incompreendido.

O peso de viver com tantas dívidas que você não consegue desfrutar a vida e as pessoas ao seu redor.

Nos seus momentos mais íntimos, você quer gritar por causa da injustiça de tudo isso, com palavras que não ousa dizer perto de seus amigos cristãos. Além disso, você tem lembranças que ainda doem. Realidades que o fazem engolir o choro. Mágoas no coração que bombeiam tristeza em suas veias. Sofrimentos que parecem intermináveis. E você está desapontado por não estar hoje vivendo as promessas de Deus que tanto implorou receber. Você está cansado desse longo e difícil sofrimento.

Quando as coisas ficam penosas por muito tempo, todos os dias se parecem mais com andar em uma corda bamba do que andar em uma estrada firme e segura para o futuro.

Estou me equilibrando nessa corda bamba. Eu não estou mais no primeiro penhasco em que o chão desabou sob mim. Mas também ainda não estou em terra firme onde todos respiram aliviados – exaustos, mas aliviados. Não, eu estou no meio do que, sinceramente, pode ser o lugar mais assustador de todos.

Tanto avançar quanto retroceder são igualmente aterrorizantes.

Meus pés estão trêmulos. Meus tornozelos se contorcem como se fossem quebrar, e eu estou prestes a cair dessa corda bamba.

Lágrimas correm pelo meu rosto enquanto tento encontrar o meu equilíbrio. "Deus, eu me sinto como se estivesse morrendo. O Senhor Se importa? O Senhor está aí? Como é possível conciliar o fato de que o Senhor diz que me ama e me deixar aqui nesta corda bamba?"

Trago à mente o pensamento de que certamente meus gritos de socorro farão com que Deus melhore minha situação. Só que, do nada, eu sou atacada por dardos em chamas voando em minha direção e perfurando minha alma que já sangra. Além das circunstâncias devastadoras do meu casamento, surge um grande problema de mofo em minha casa. Então, a prefeitura comunica que estão ampliando a rua em frente a nossa casa, exigindo que mudemos a entrada dos carros para que eles possam fazer a obra de ampliação. Pergunte-me se eles pagarão pelas despesas... Não! Então, meus filhos adultos parecem se revezar tendo suas próprias crises. Finalmente, recebo uma ligação do meu médico dizendo que apareceu algo de que ele não gostou em minha última mamografia. Precisarei fazer mais exames. Um desses problemas por ano já seria o bastante. Mas tê-los acontecendo um após outro, dia após dia, parece cruel.

Cheguei em casa hoje e sentei em minha cama, meu lugar tranquilo, onde me sinto mais segura e, ao mesmo tempo, mais assustada.

Isso já é além da conta!

Isso é difícil demais.

Hoje em dia, não tenho certeza se estou em uma corda bamba, apenas tentando chegar ao outro lado, ou caminhando na prancha para a morte. É sério. Eu não estou sendo dramática.

E você também não. Se você se identifica com qualquer dessas situações, você me entende.

O sol está se pondo. A escuridão está a caminho. A corda bamba está balançando, a esperança está desaparecendo e a gravidade está pedindo para eu cair... ou me desfazer em pedaços. De qualquer forma, tudo me deixa com medo de respirar.

Faço uma pergunta que jurei não fazer. Mas não posso mais segurá-la: *Por que eu?*

Às vezes, todas as casas ao meu redor parecem estar cheias de riso, amor e uma *normalidade*, atualmente fora do meu alcance. Fico feliz por eles. Minha casa costumava ser assim. Mas agora é muito difícil ver o contraste extremo entre suas vidas e a minha. Todos nós temos áreas da vida em que não atingimos o ponto desejado. Achamos que aquele aspecto nos realizaria. Afinal, isso ocorre com os outros, mas não mais conosco. Aquilo que pensamos que seria alegre e brilhante acabou nos cegando.

O que torna tudo tão apavorante é que não precisava ser assim! Normalmente, as realidades mais decepcionantes vêm das expectativas mais atingíveis. Um desejo não satisfeito de uma expectativa atingível é uma dor lancinante dentro do coração humano. Estamos conscientes de que tudo poderia ter sido diferente. Porém, as próprias escolhas foram as causadoras. Desejos, rompimentos, egoísmo ou falta de consciência deixam necessidades sem ser supridas. O que parecia tão atingível recebeu grande resistência e, finalmente, rejeição vinda de quem jamais pensamos que poderia nos machucar.

Eu não sou fã do famoso "grito de guerra da autopiedade": "Por que eu?" Mas com certeza é compreensível nesses casos.

Em um minuto, eu quero cuspir, bater os pés e esmurrar a minha mesa sem jantar e sem pessoas – sem *normalidade*. No minuto seguinte, quero aumentar a música de louvor e pegar uma tela nova para pintar. Li uma mensagem enviada por uma amiga cuja tinta está manchada com o suor de sua própria luta. Por alguns minutos, ela me faz sentir que não estou tão sozinha. Mas o sol já vai se pôr. A escuridão envolverá a minha casa silenciosa. E meu marido não estará lá para aquecer os meus pés quando eu for para a cama, nem para sussurrar: "Eu estou aqui com você. Nós temos um ao outro. Vamos passar por isso juntos". Não importa quanto meu coração anseie por essas palavras agora... Essas necessidades não serão supridas hoje à noite. Talvez um dia, mas não hoje.

E é assim que o ser humano deve ser – sofremos sim, mas com esperança.

Ter esperança não significa que eu esteja sofrendo algum dano. Nem que eu ignore a realidade. Não, ter esperança significa reconhecer a realidade no mesmo instante em que reconheço a soberania de Deus.

Eu descobri mais um dado importante: minha esperança não está ligada ao fato de minhas expectativas serem finalmente atingidas do meu jeito e no meu tempo. Não. Minha esperança não está ligada a uma circunstância ou ao fato de outra pessoa mudar ou não. Minha esperança está ligada à promessa imutável de Deus. Espero pelo bem que sei que Deus finalmente trará, independentemente de Ele corresponder ou não ao que eu desejo.

> Minha esperança está ligada à promessa imutável de Deus.

Às vezes, isso leva tempo. Lembre-se do que conversamos alguns capítulos atrás. Deus nos ama demais para responder às nossas orações de qualquer outra forma que não seja a forma correta. E Ele nos ama demais para responder às nossas orações em qualquer outro tempo que não no certo.

O processo provavelmente exigirá que sejamos perseverantes. Pacientes. Talvez até longânimes.

Longanimidade. Não é uma palavra que eu quero que faça parte da minha história. Mas, à medida que meus amigos oram por mim, essa palavra continua aparecendo. Longanimidade significa ter ou demonstrar paciência, apesar dos problemas, especialmente aqueles causados por outras pessoas.

"Oi, Deus... Eu posso sugerir algumas pessoas santas de verdade que lidariam com a longanimidade muito melhor do que eu! Lembre-se: estou completamente aterrorizada com tudo isso. Eu quero que essas decepções devastadoras desapareçam hoje. Não quero que esse sofrimento dure tanto tempo. Já se passaram quase três anos. E estou muito cansada!

Eu oro – não, eu imploro – que as coisas mudem logo. Talvez elas já tenham mudado quando este livro for impresso, talvez não.

É por isso que me sinto compelida a escrever este capítulo em um momento de incerteza e confusão. Eu sei que devo seguir o processo de Deus antes de ver o cumprimento de Sua promessa. Acho que já disse isso em um capítulo anterior, mas vale a pena repetir, porque minha mente tende a esquecer.

Talvez você precise se lembrar disso também. Independentemente de seu prolongado sofrimento ser decorrente de algo grande ou pequeno, lembre-se de que dor é dor. É tudo relativo no escopo de sua própria vida. E as promessas de Deus não são apenas para certas pessoas em um momento ruim. Elas nos alcançam, juntamente com a esperança, não importando quão profundo seja o poço em que nos encontremos. Por favor, não pense que, se a sua situação não for catastrófica, você não deva trazê-la para essa nossa discussão. Querido leitor, puxe uma cadeira, abra seu coração quebrado, e eu farei o mesmo. Minha decepção precisa ver uma promessa cumprida, assim como a sua.

Você precisa ser carinhosamente cuidado, e eu também. Precisamos um do outro. Precisamos nos lembrar que ao final chegaremos a um lugar melhor.

É difícil pensar como o chão é firme quando se está balançando no meio de uma corda bamba.

Estou, no momento, ansiosa para ver uma promessa cumprida. Eu quero que Deus faça surgir magicamente uma ponte em torno da corda bamba, para que eu não tenha que andar tão devagar e ter tanto medo enquanto atravesso para o outro lado.

Eu quero a bênção prometida em Salmos 40.4a: *Como é feliz o homem que põe no* Senhor *a sua confiança*. Esqueço que esse tipo de confiança em Deus é frequentemente forjada no crisol da longanimidade. Deus não está me criticando. Deus está me escolhendo para viver, pessoalmente, uma de Suas promessas.

É uma grande honra. Mas nem sempre parece assim.

Preciso atravessar as partes escuras do processo, antes de estar perfeitamente preparada para viver a promessa.

Nós lemos sobre algumas das partes escuras do processo nos versículos 1-3 do Salmo 40:

> *Coloquei toda minha esperança no* Senhor*; ele se inclinou para mim e ouviu o meu grito de socorro. Ele me tirou de um poço de destruição, de um atoleiro de lama; pôs os meus pés sobre uma rocha e firmou-me num local seguro. Pôs um novo cântico na minha boca, um hino de louvor ao nosso Deus. Muitos verão isso e temerão, e confiarão no* Senhor.

Quero a rocha firme sobre a qual me apoiar, mas primeiro tenho de esperar pacientemente que o Senhor me tire do lodo e da lama e firme meus pés. A palavra "firme" no original hebraico é *qum*, que significa se levantar ou tomar uma posição. Deus tem de me conduzir através do processo de me livrar do que tem me mantido presa, antes que eu possa tomar uma posição.

> "Eu sei que devo seguir o processo de Deus antes de ver o cumprimento de Sua **PROMESSA**."

Eu também quero esse novo cântico prometido aqui. Você notou, no entanto, o que vem antes da promessa de um novo cântico nesse salmo? São os muitos clamores ao Senhor por ajuda. Os cânticos de louvor mais poderosos não começam como bela melodia; ao contrário, começam com gritos angustiados de dor. Logo, porém, o processo da dor se transforma na promessa de um louvor inigualável.

Continue andando na corda bamba, Lysa. Um passo de cada vez. Tome fôlego quando necessário, mas não pare. Não hoje nem amanhã. Jesus está aqui e não permitirá que você caia.

Atenção, nós falamos sobre o processo de Deus no caminho para a promessa. Mas não devemos esquecer a Sua presença no meio desse processo.

A promessa é uma esperança gloriosa a que se apegar quanto ao futuro. Mas é a Sua presença durante o processo que irá manter nossa esperança para o presente.

Eu engulo seco. Eu coloco colírio nos meus olhos vermelhos. Eu me lembro de respirar. Eu sei que Ele colocou propositadamente pessoas e coisas ao meu redor para garantir que não estou sozinha nessa jornada na corda bamba.

Então, procuro evidências de Sua presença e acho a primeira delas. É um livreto azul e branco.

Ironicamente, meu ministério está, no momento, estudando o livro de Jó. O guia de estudo diário que imprimimos para os participantes do nosso estudo está bem aqui ao meu lado. É chamado de *Sofrimento e soberania*. E sei que isso não é ironia; Deus tinha tudo bem planejado.

Eu me sinto como Jó.

O Senhor estava com ele. Mas tudo sobre suas circunstâncias implorava que ele não ficasse mais com o Senhor. E aqui está o que eu imagino que tenha sido a parte mais difícil de ser Jó: estar completamente incerto sobre o resultado final. Nós lemos o livro de Jó no contexto de conhecedores da restauração que vem no final. Isso nos ajuda a não sentir a verdadeira intensidade da dor de Jó.

Apesar de, na minha cabeça, saber que Deus irá de alguma forma, algum dia, transformar para sempre a minha vida, meu coração não tem tanta certeza disso. A intensidade da dor me leva a duvidar.

Deus, me ajude em minha incredulidade!

Folheio a parte do pequeno livro azul e branco que revela o final da história de Jó. E abro minha Bíblia em todos os textos ali relacionados. Eu me apego ao final em que tudo termina bem. Eu o guardo em meu coração. Eu prego repetidamente para mim mesma esses textos de esperança.

> *Depois que Jó orou por seus amigos [os que o julgaram mal, não disseram a verdade sobre Deus e acrescentaram muito sofrimento sobre a dor de Jó], o Senhor restaurou sua sorte e deu a ele o dobro do que tinha antes.* (Jó 42.10, AMP)

> *O Senhor abençoou o final da vida de Jó mais do que o início.* (Jó 42.12)

> *Depois disso Jó viveu cento e quarenta anos; viu seus filhos e os descendentes deles até a quarta geração.* (Jó 42.16)

Deus colocou a história de Jó aqui para ajudar a me guiar através do processo da minha história. E Deus colocou esse livro azul e branco aqui hoje para que eu me lembrasse de olhar para a história de Jó como evidência de Sua presença em minha vida. Eu sei disso.

Se eu fosse você agora, minha reação seria: "Ok, eu não vejo aqui um pequeno livro azul e branco, então como posso saber que Deus está pessoalmente em minha vida?" Bem, eu oro então para que este meu livro que você está lendo e segurando em suas mãos agora seja uma dessas coisas. Deus fez com que esta mensagem chegasse até você em meio ao que você está enfrentando no momento.

E há muitas outras evidências da presença dEle ao nosso redor. Eu garanto.

Deus está em lugares frequentemente negligenciados. Nós não temos que procurá-Lo.

Ele não está longe de nós.

Nós apenas temos de escolher vê-Lo e atribuir a Ele o bem que existe. Eu realmente acredito que o que nos mantém no caminho da longanimidade, em vez de nos permitir desviar dela, é acordar com grande expectativa desses pequenos lembretes da bondade de Deus.

Alguns dias depois, eu olho em volta novamente.

Na escuridão do meu quarto silencioso, remexo uma pilha de papéis e alguns livros não lidos. Por baixo está uma caixinha branca. Não faz sentido ela estar ali. Não tenho a menor ideia de como ela pôde ter ido parar naquela pilha. Eu sempre a guardo com minhas joias, pois dentro se encontra uma peça muito valiosa, de modo que eu nunca seria descuidada com ela e nunca a teria colocado ali.

Mas ela está lá.

"Oi, Deus..."

Dentro há uma medalha de ouro e púrpura. Eu não penso nela há algum tempo. Mas nesse momento eu sinto que, se não tirá-la e apertá-la em minhas mãos, não vou me estabilizar. Estou sendo novamente agredida por duras realidades. Então, encontrar esse presente, nesse dia, nesse momento, é perfeito.

Eu suspiro e sei que Deus está aqui. Novamente.

Lembro-me de como e quando recebi esse presente.

É um empréstimo do meu conselheiro. Um verdadeiro coração púrpura. A alta honra que o governo deu à sua família quando seu cunhado foi morto no cumprimento do dever, tentando salvar outros.

Esse conselheiro estava trabalhando com meu marido e comigo, lenta e firmemente, por quase um ano. Passamos mais de setenta e cinco horas em seu escritório. Viajamos para o Colorado para sessões intensivas de uma semana cada, em cinco ocasiões. Foi tudo pensando que estávamos de acordo e avançando juntos. Toda a devastação seria reparada, restaurada e corrigida.

Só que, durante uma de nossas últimas sessões, acho que meu conselheiro percebeu que algo não estava bem. E acho que ele sentiu que íamos deixar seu escritório e entrar em um dos mais ferozes períodos de nossa batalha. Ele tirou a moldura muito bem feita da parede e rasgou a parte de trás para abri-la. Então, tirou essa medalha inestimável. Ele se ajoelhou à nossa frente e a colocou em minha mão.

"Agarre-se a isso, Lysa, pelo tempo que você precisar. Quando a batalha ficar tão acirrada que você se perguntar se irá sobreviver, lembre-se desse momento em que eu lhe disse que você conseguirá passar por isso. Se Deus distribuísse 'corações púrpura', você certamente receberia essa alta honra. O que você está passando não é em vão. Sua mágoa não será desperdiçada. Será para salvar muitas vidas."

Olhei para aquele presente tão incomum e não consegui abrir a boca. O momento roubou todas as minhas palavras, e eu não tinha nada para oferecer em retribuição, a não ser lágrimas. Murmurei as palavras "muito obrigada" e, naquele dia, me senti corajosa.

Menos de um mês depois que voltamos para casa daquela consulta de aconselhamento, meu coração foi novamente arrasado.

Eu não conseguia respirar. A medalha era a única coisa física que eu sentia que podia segurar enquanto cada parte da minha vida estava sendo levada como escombros destruídos. Pensei que estávamos quase terminando a horrível fase quando percebi que não tínhamos sequer começado a cura. O que eu pensava ser um milagre em processo acabou me preparando para ser pega desprevenida e profundamente ferida novamente.

Anos desse tipo de dano cobram muito caro. As lembranças perduram. Elas penetram cortantes nos lugares mais profundos.

Agora, neste dia, encontro a medalha novamente. O coração púrpura não pode me curar, mas com certeza me estabiliza. Então, mesmo mancando, posso dar mais um passo pela corda bamba. Apenas mais um passo é tudo o que preciso dar hoje. E posso dar esse passo porque tenho certeza da presença de Deus no processo e de que há um propósito em tudo isso.

> O processo não é uma forma cruel de afastar você da promessa; é exatamente o preparo de que você precisa para lidar com ela.

A longanimidade é *longa* porque você não pode atravessá-la correndo. É um passo, e depois outro, que pode ser mais traiçoeiro que todos os passos anteriores. Chegar àquela rocha firme do Salmo 40 pode exigir um pouco de escalada. Às vezes, Deus nos ergue em um instante e no outro nos coloca no chão, juntando-Se a nós na caminhada – um processo pelo qual podemos ganhar um pouco mais de força, capacidade física e pulmonar para o que Ele sabe que precisaremos quando alcançarmos o topo da rocha. Existe um propósito para o processo, e ele se chama preparo.

Se Deus pensasse que poderíamos lidar com a promessa hoje, Ele nos ergueria. Mas, se não estamos nessa rocha firme cantando uma canção gloriosa, é porque Ele nos ama demais para nos erguer agora. O processo não é uma forma cruel de afastar você da promessa; é exatamente o preparo de que você precisa para lidar com ela.

Muitos versículos da Bíblia falam desse processo que produz aquilo de que precisaremos quando entrarmos na promessa. Aqui estão alguns dos meus favoritos:

> O Deus de toda a graça, que os chamou para a sua glória eterna em Cristo Jesus, depois de terem sofrido durante um pouco de tempo, os restaurará, os confirmará, lhes dará forças e os porá sobre firmes alicerces (1Pe 5.10).
>
> Por essa razão, desde o dia em que o ouvimos, não deixamos de orar por vocês e de pedir que sejam cheios do pleno conhecimento da vontade de Deus, com toda a sabedoria e entendimento espiritual. E isso para que vocês vivam de maneira digna do Senhor e em tudo possam agradá-lo, frutificando em toda boa obra, crescendo no conhecimento de Deus e sendo fortalecidos com todo o poder, de acordo com a força da sua glória, para que tenham toda a perseverança e paciência com alegria (Cl 1.9-11).
>
> Mas ele me disse: "Minha graça é suficiente para você, pois o meu poder se aperfeiçoa na fraqueza". Portanto, eu me gloriarei ainda mais alegremente em minhas fraquezas, para que o poder de Cristo repouse em mim. Por isso, por amor de Cristo, regozijo-me nas fraquezas, nos insultos, nas necessidades, nas perseguições, nas angústias. Pois, quando sou fraco é que sou forte (2Co 12.9,10).
>
> Meus irmãos, considerem motivo de grande alegria o fato de passarem por diversas provações, pois vocês sabem que a prova da sua fé produz perseverança. E a perseverança deve ter ação completa, a fim de que vocês sejam maduros e íntegros, sem lhes faltar coisa alguma (Tg 1.2-4).

Eu amo o fato de podermos ver nesses versículos que o sofrimento terminará. Ele nos restaurará. Há uma razão para isso. Ele nos fortalecerá. Ele nos fará fortes quando nos sentirmos fracos. E somos aperfeiçoados ao longo do processo.

Quando pensamos que o longo processo de sofrimento é insuportável, devemos lembrar que seria fatal se Deus nos colocasse naquela rocha sólida antes de estarmos fortes, firmes e estáveis. E seria cruel se Ele exigisse que cantássemos antes que tivéssemos uma canção.

Existe um propósito nesse processo. Sim, o processo será tão desordenado, tão cheio de lodo, de lama e gritos de socorro que você se questionará se eles estão sendo realmente ouvidos.

Eles estão. Como eu disse antes, Deus não está longe. Ele está muito mais interessado em seu preparo do que em seu conforto. Deus vai tomar todos os seus gritos e fazer um arranjo com esses sons que resultará em uma canção gloriosa. Ele irá adicioná-la à sua sinfonia de compaixão. Você fará um solo em que as notas nascidas das suas lágrimas ajudarão a aliviar a dor do outro. Aqueles ao seu redor verão você em pé sobre uma rocha firme e ouvirão os ecos gloriosos das coisas boas que brotam do seu interior. O inimigo vai tremer intensamente e recuar com medo. Ele ficará apavorado. Ele está com medo de *você*.

Você está ancorada na esperança de Deus que, verdadeiramente, é encontrada por poucos. Você, querida alma longânime, é, atualmente, semelhante a Jó. Alguém mal julgado e mal interpretado. O inimigo tentará enganar e destruir você com sussurros maldosos, afirmando que toda essa longanimidade é em vão. Não dê ouvidos a ele.

Estou segurando um coração púrpura em minha mão que me diz algo diferente. E não é apenas para mim. É para você também. Eu sabia que, no momento em que o conselheiro o colocou em minha mão, você também estaria sendo condecorada com ele. E se você estivesse aqui comigo hoje, em minha casa silenciosa, eu faria exatamente isso.

Feche os olhos e respire. Você é corajoso e belo e foi escolhido a dedo. Um guerreiro condecorado lutando uma batalha terrível com um final glorioso.

Oh, minha amiga longânime, fique firme. Continue andando na sua corda bamba, e eu continuarei andando na minha. Continue procurando a presença de Deus em seu processo, e eu também continuarei a fazê-lo. Juntos, vamos percorrer todo o caminho. E, se você terminar sua longa jornada de sofrimento antes de mim, venha me animar. Hoje ainda sou alguém no meio do caminho. Mas estou um passo mais à frente do que estive antes, rumo a uma promessa verdadeiramente maravilhosa!

Meus pés ainda estarão frios quando eu for para a cama hoje à noite, mas meu coração longânime definitivamente não estará.

Indo à fonte

> Ter esperança significa reconhecer a realidade no mesmo instante em que reconheço a soberania de Deus.

Lembre-se

- Quando as coisas ficam penosas por muito tempo, todos os dias se parecem mais com andar em uma corda bamba do que andar em uma estrada firme e segura para o futuro.
- Minha esperança está ligada à promessa imutável de Deus.
- Eu sei que devo seguir o processo de Deus antes de ver o cumprimento de Sua promessa.
- Deus não está me criticando. Deus está me escolhendo para viver, pessoalmente, uma de Suas promessas.
- Preciso atravessar as partes escuras do processo, antes de estar perfeitamente preparada para viver a promessa.
- Há a presença e o propósito no processo de Deus.
- O processo não é uma forma cruel de afastar você da promessa; é exatamente o preparo de que você precisa para lidar com ela.
- Deus está muito mais interessado em seu preparo do que em seu conforto.

Receba

O Deus de toda a graça, que os chamou para a sua glória eterna em Cristo Jesus, depois de terem sofrido durante um pouco de tempo, os restaurará, os confirmará, lhes dará forças e os porá sobre firmes alicerces. (1Pe 5.10)

Leia também:

- Jó 42
- Salmos 40.1-4
- 2Coríntios 12.9,10
- Colossenses 1.9-11
- Tiago 1.2-4

Reflita

- Pense no que falamos sobre a presença, o processo, o propósito, o preparo e a promessa de Deus. Como isso ajuda você a lidar com suas próprias decepções?
- Considere a lista de passagens bíblicas sobre o processo. Com qual delas você se identifica mais profundamente?
- Quais promessas de Deus você está ansioso para ver cumpridas agora?

Oração

Pai,

Eu confesso que há dias em que parece que o Senhor Se esqueceu de mim e me abandonou, porque esta batalha já tem se prolongado tempo demais. E confesso que às vezes me canso de esperar, perco a esperança e me pergunto quanto tempo mais ela ainda irá durar. Obrigada por me lembrar que existe um propósito para esse processo e que não estou passando por nada disso sozinha. O Senhor é a minha força. O Senhor é a minha esperança. O Senhor é a minha canção. Ajude-me a fixar meus olhos mais uma vez em Suas promessas. E lembre-me, por favor, de manter minha esperança no Senhor, e apenas no Senhor.

Em nome de Jesus. Amém.

CAPÍTULO SETE

Quando o fardo é insuportável

Cada sílaba do capítulo anterior é verdadeira. Eu me senti preparada e pronta para continuar, para abraçar as dificuldades e ser uma das raras almas que realmente perseveram.

Mas a vida continuou.

Tudo foi acontecendo, com problemas em cima de problemas.

Mal acabara de escrever o capítulo anterior, quando, além de outra mamografia, também precisei fazer uma biópsia.

Todos, inclusive meu médico, me asseguraram que havia poucos motivos para preocupação. Eu não tinha histórico familiar de câncer de mama. Minha mãe tinha passado pelo retorno e pela biópsia, mas tudo acabara dando certo. Sou jovem (mais ou menos...) e saudável. Além disso, eu já tivera a inesperada crise médica com meu cólon no ano anterior. Certamente, a situação familiar e tudo mais pelo qual eu estava passando eram suficientes.

Tudo estava a meu favor...

Mas, quando Art e eu ouvimos o tom sério do meu médico, percebemos que nem tudo estava bem.

"Lysa, você tem câncer. Eles vão dizer mais sobre isso na sua consulta hoje, mas eu quis prepará-la, adiantando o que li no relatório laboratorial. Sinto muito."

Eu gostaria de poder descrever adequadamente o que aconteceu naquele momento. Tudo ao meu redor ficou incrivelmente quieto e tive a impressão de que as coisas começaram a se mover em "câmera lenta". Eu ouvia o médico falando, mas não entendia suas palavras. Notei que a fisionomia do Art simplesmente descaiu. Tentei esboçar algumas palavras, mas não consegui energia para falar. Tive vontade de chorar, mas nenhuma lágrima caiu. Talvez eu já tivesse usado todas elas...

Eu acabara de terminar o capítulo anterior e acredito de todo o coração que há uma promessa e um processo e que Deus está presente em minha vida. Naquele momento, porém, Ele me pareceu distante e misterioso. Eu me senti atordoada. Em seguida me senti bem, para logo depois me sentir novamente atordoada.

Meus sentimentos oscilavam sem parar. Eu queria sentir paz. Mas logo depois queria me revoltar. Eu queria ficar equilibrada. Mas, logo em seguida, irar-me parecia inevitável.

Eu fiquei quieta.

Estendi a mão e apertei a mão de Art.

Há momentos em que as palavras não resolvem... Então, não há motivo para usá-las.

Dirigimo-nos, em silêncio, para o endereço que o médico nos deu.

Entramos e fomos conduzidos a uma sala com caixas de lenços de papel espalhadas pelas mesas e livros escritos por sobreviventes de câncer. Havia uma pilha de folhetos sobre como lidar com um diagnóstico de câncer. O ambiente estava à meia-luz, o quarto estava refrigerado e as cadeiras eram cor de rosa.

Fiquei me perguntando se tudo aquilo não tinha sido algum equívoco e, então, torcia para que, a qualquer momento, um médico aparecesse, pedisse desculpas e nos mandasse para casa.

Eu me perguntei sobre a mulher que estava sentada na mesma cadeira rosa, pouco antes de mim. E sobre a mulher que sentaria na mesma cadeira depois de mim. Para onde elas iriam depois que recebessem a notícia? Entrariam no carro e voltariam ao trabalho? Ligariam convidando uma amiga para tomarem café e conversar? Ou então correriam para a cama e puxariam as cobertas sobre a cabeça?

Para quem contar? E como dizer?

Não há uma maneira fácil de agregar a palavra "câncer" ao seu mundo sem fazer com que todos os que amam você lamentem ou chorem.

Fiquei pensando sobre a declaração que todo mundo adora "despejar" em momentos como esses: "Deus não vai lhe dar mais do que você pode suportar". Mas não é bem isso que diz a Bíblia!

Deus diz que Ele não permitirá que sejamos tentados além da nossa capacidade de suportar e que sempre proverá uma saída (cf. 1Co 10.13). Mas isso é diferente do que dizer que Deus não nos dá mais do que podemos suportar.

Ele às vezes permite que isso aconteça.

Eu sabia. E agora eu estava sentada em uma cadeira rosa vivenciando isso. E, enquanto digito estas palavras, sei que não sou a única que sente que recebeu mais do que pode suportar. Vejo pessoas com expressões atônitas o tempo todo. Dor após dor. Mágoa após mágoa. Desgosto após desgosto. Vício após vício. Diagnóstico após diagnóstico. Decepção após decepção. O mundo está cheio de pessoas que suportam mais do que podem suportar. E, surpreendentemente, a Bíblia também está cheia de pessoas que receberam mais do que podiam aguentar.

O apóstolo Paulo escreveu:

> *Irmãos, não queremos que vocês desconheçam as tribulações que sofremos na província da Ásia, as quais foram muito além da nossa capacidade de suportar, a ponto de perdermos a esperança da própria vida. De fato, já tínhamos sobre nós a sentença de morte, para que não confiássemos em nós mesmos, mas em Deus, que ressuscita os mortos* (2Co 1.8,9).

Deus não espera que carreguemos esse tipo de sofrimento, mas que o entreguemos a Ele.

Ele não quer que tenhamos mais força. Ele quer que confiemos unicamente em *Sua* força. Se continuarmos pensando que Deus não nos dá mais do que podemos suportar, começaremos a suspeitar de Deus. Sabemos que estamos enfrentando provações que são demais para nós. Somos bombardeados com cargas. Estamos sobrecarregados com elucubrações. E todos nós estamos tentando entender coisas que não fazem sentido. Antes de podermos avançar de forma saudável, devemos primeiro entender a verdade sobre a nossa insuficiência.

> Deus não espera que carreguemos esse tipo de sofrimento, mas que o entreguemos a Ele.

Câncer é mais do que posso suportar...

... Sozinha...

Fechei os olhos e silenciosamente pedi a Deus para vir e sentar na cadeira rosa vazia perto de mim, de Art e do médico. Eu precisava que Deus me mostrasse sua perspectiva, para que eu pudesse definir a minha. Mas a resposta não veio de imediato. E isso me deixou frustrada. Eu estava apavorada e cheia de perguntas: Por que isso? Por que agora? Por que eu?

Eu podia sentir minhas emoções pululando e minha decisão de confiar em Deus se esvaindo. Tudo extrapolou. Eu não queria ter de me esforçar tanto para continuar a confiar em Deus. Eu estava cansada de tentar entender a vida... E só achava que "não era para ser assim!"

Fui dormir naquela noite pensando seriamente em fugir para o interior e me esconder da vida. Eu poderia ser garçonete em um restaurante que servia café da manhã. Eu já fora garçonete quando tinha 20 e poucos anos e adorei. A vida era mais simples. Servir café com leite e pão com manteiga me parecia muito atraente. Só que o câncer me seguiria. A dor me seguiria. E até mesmo a minha luta para saber se eu poderia ou não confiar em Deus me seguiria caso me mudasse para o campo ou para qualquer outro lugar do mundo!

A história que comecei a contar para mim era que a vida nunca melhoraria. Minha mente ficou fixada em tudo o que acontecera nesse tempo de sofrimento, e isso passou a ser o meu novo estilo de vida.

Eu acordava em pânico. Passava o dia em pânico. Ia dormir à noite em pânico.

Eu sabia que meus pensamentos tinham de mudar, mas não conseguia escapar da minha realidade. Eu teria de enfrentá-la. Teria de passar por ela. E, se eu mudasse meus pensamentos, talvez passasse a confiar em Deus em meio a eles.

Pensar em tudo que eu não sabia não estava me levando a lugar algum. Então, comecei a fazer uma lista de coisas.

Qual é a principal? Eu sei que Deus é bom. Eu não conhecia os detalhes do bom plano de Deus, mas poderia fazer de Sua bondade o ponto de partida para renovar a minha perspectiva.

Usando a bondade de Deus como tema central, a história que se formou com todos os eventos foi: Se o meu casamento com Art não tivesse se esfacelado no verão passado, eu nunca teria apertado o botão de pausa da vida para fazer uma mamografia. Eu teria esperado. Mas, como fiz uma mamografia, naquele exato momento os médicos detectaram o câncer que precisava ser eliminado. E, como eles descobriram aquele câncer no início, eu tinha todas as chances de lutar contra ele.

Estamos todos vivendo uma história, mas há outra história, dentro dessa história, que é aquela que contamos a nós mesmos. Nós só precisamos ter certeza de que a nossa história é real. E a história real é que realmente haverá momentos em que Deus nos dará mais do que conseguimos lidar. Mas Ele sempre terá um bom motivo para agir dessa forma.

Nós só vemos desgraças acontecendo. Mas Deus vê exatamente as partes que devem ser adicionadas para nos proteger, prover e preparar. Juntamente com a provação, podemos contar com Sua força trabalhando através de nós. Não precisamos gostar, mas talvez saber desse detalhe nos ajude a passar por essas crises.

Eu tive um novo *insight* sobre esses momentos doloridos, mas necessários, quando encontrei duas moças que esperavam na fila para levarem comida para viagem em um restaurante perto da minha casa. Pauline e Jessica leram meu livro *Uninvited*. Conversamos por um minuto sobre o que Deus havia ensinado a elas e, em seguida, surgiu o assunto do que eu escreveria a seguir. Eu lhes falei sobre o livro e sobre a revelação que Deus me dera sobre "o pó". Os olhos de Jessica se iluminaram. Sua mãe era uma oleira profissional.

Enquanto eu compartilhava que, quando colocamos o nosso pó nas mãos de Deus e Ele o mistura com sua água viva, o barro que se forma pode receber novas formas –, ela sorria desmedidamente. Foram muitas as vezes em que ela viu o barro sendo moldado em lindos objetos quando colocado nas mãos de sua mãe. E, então, ela compartilhou algo que fez meu queixo cair.

Ela me disse que os ceramistas mais experientes fazem peças belíssimas não só do barro novo, mas que eles também recomendam adicionar um pouco do pó de cacos de cerâmica de peças quebradas ao barro novo. Esse pó chama-se *chamote* e é obtido quando pedaços de cerâmica quebrados são transformados em pó, e devem estar na textura e quantidade certas. Se esse pó for muito fino, ele não adicionará nenhuma estrutura ao novo barro. Se ficar muito grosso, as mãos do oleiro poderão até sangrar.

Quando moído, o *chamote* adicionado ao barro novo permitirá ao oleiro dar forma a um vaso maior e mais forte. Esse processo também fará com que a cerâmica resista a temperaturas mais altas. Além disso, quando esmaltadas, essas peças acabam tendo um aspecto artístico muito mais bonito do que teriam de outra forma.[1]

Jessica sorriu e disse: "Isso daria um sermão, não é?"

Sem dúvida alguma! Fiquei muito tempo pensando sobre o que Jessica havia compartilhado e em como relacionar tudo aquilo com minha temporada de sofrimento. E, se o barro feito por todos os outros *pós*, atualmente em minha vida, fosse fortalecido por esse caco recém-adicionado?

Então, li Isaías 45.9: *Ai daquele que contende com seu Criador, daquele que não passa de um caco entre os cacos no chão. Acaso o barro pode dizer ao oleiro: "O que você está fazendo?" Será que a obra que você faz pode dizer: "Você não tem mãos?"*

Deus está fazendo algo lindo em minha vida. Eu sei disso. Então, por que questionar o que Ele vê como sendo os ingredientes necessários para tornar minha vida mais forte e mais bonita? Naturalmente, meu diagnóstico de câncer acrescentou mais sofrimento, mas mesmo isso poderia ser usado para o meu bem.

Continuei lendo esse versículo de Isaías e decidi fazer uma pequena investigação sobre o termo "caco".

Um caco é um pedaço quebrado de uma peça de cerâmica.

Curiosamente, a história de Jó também menciona um caco quando cita sua terrível doença.

> *Saiu, pois, Satanás da presença do S*enhor *e afligiu Jó com feridas terríveis, da sola dos pés ao alto da cabeça. Então Jó apanhou um caco de louça e com ele se raspava, sentado entre as cinzas. Então sua mulher lhe disse: "Você ainda mantém a sua integridade? Amaldiçoe a Deus, e morra!" Ele respondeu: "Você fala como uma insensata. Aceitaremos o bem dado por Deus, e não o mal?" Em tudo isso Jó não pecou com seus lábios. (Jó 2.7-10)*

---

[1] Conversa com Jessica Leavitt.

Um caco quebrado pode estar no chão e não ser nada mais do que um lembrete constante de quebrantamento. Ele também pode ser usado para continuarmos nos raspando e nos machucando ainda mais, enquanto estiver em nossas mãos.

Ou, quando colocado nas mãos de nosso Mestre, o Mestre Oleiro pode pegar esse fragmento de cerâmica, quebrá-lo da maneira correta e usá-lo na remodelação da minha vida para me tornar ainda mais forte e mais bonita.

Quando entendi isso, percebi que, em todas as circunstâncias, Deus me mantinha moldável, acrescentando ainda mais força e beleza no processo.

Eu não quero estar com câncer.

Não há parte do meu cérebro humano que pense que seja justo para qualquer pessoa receber esse diagnóstico. Deus não foi a causa desse caco em minha vida. Ele é o resultado de vivermos neste mundo quebrado entre dois jardins.

Desde que fiquei sabendo do meu câncer, eu não quero que essa *realidade quebrada* seja apenas um caco desperdiçado no chão, ou algo que eu segure em minha mão e me cause dor. Devo aceitá-lo e entregá-lo ao Senhor.

> Tome este caco, Senhor, e triture-o da maneira adequada, para que eu possa me tornar mais forte, mais bonita e mais capaz de resistir ao fogo. Sei que o Senhor vê coisas que não posso ver. E o Senhor, sempre, tem algum bem em mente.

Essa perspectiva não eliminou o meu câncer. Mas tirou o sentimento de que eu tinha de enfrentar tudo sozinha. Ele tirou o peso das minhas mãos e me ajudou a entregá-lo a Deus.

Quando chegamos àquele ponto em nossa vida em que finalmente percebemos que há, realmente, mais coisas do que podemos lidar, devemos nos render. E esse movimento pode acontecer de duas maneiras:

Podemos nos submeter ao inimigo, cedendo aos sentimentos de que nada daquilo é justo, de que Deus não está presente e de que Deus não é bom. Ou podemos nos submeter a Deus. Esse tipo de submissão é mais do que ceder; é render-se! É desistir de carregar o peso de tudo que é demais para nós e entregar ao nosso Deus, que não apenas pode carregá-lo, mas usá-lo para o nosso bem. Quando entendermos a verdade sobre as coisas surpreendentes que Deus pode fazer com o pó e com os cacos da nossa vida, não nos submeteremos às mentiras do inimigo. Em vez disso, vamos levantar nossas mãos e louvar o Oleiro.

Então, agora que sabemos que precisamos desistir de carregar o peso desses cacos de nossa vida e entregá-lo a Deus, como exatamente devemos fazer?

Deus é quem diz ser e fará o que disse que fará. E, para nos associarmos a Ele na obra de transformação que Ele disse que faria em nossa vida, devemos buscá-Lo de todo o coração. É nossa escolha se vamos ficar presos em nossa mágoa ou se vamos permitir que Ele renove o nosso coração.

Existem alguns versículos conhecidos que nos mostram isso. Mas, antes de citá-los, quero apresentar o contexto em que foram escritos. No livro de Jeremias, descobrimos que os filhos de Israel seriam levados para o cativeiro na Babilônia por setenta anos. Pense em quanto tempo são setenta anos. Se tivéssemos de ir para a prisão hoje por setenta anos, para a maioria de nós isso significaria que morreríamos no cativeiro. Setenta anos parecem impossivelmente longos, incrivelmente injustos e terrivelmente difíceis. Seria uma vida inteira de sofrimento, sem esperança. Tristeza e o sentimento de que nada de bom poderia advir daquela situação seriam sentimentos diários. Como nunca antes, seria premente perceber a perspectiva de Deus! Então, Deus diz ao povo de Israel: *Quando se completarem os setenta anos da Babilônia, eu cumprirei a minha promessa em favor de vocês, de trazê-los de volta para este lugar. Porque sou eu que conheço os planos que tenho para vocês* (Jr 29.10).

> "É nossa escolha se vamos ficar presos em nossa mágoa ou se vamos permitir que Ele renove o nosso CORAÇÃO."

Esta é a cena e o cenário em que recebemos as gloriosas promessas às quais eu me apego com toda a força:

> *"Porque sou eu que conheço os planos que tenho para vocês", diz o* Senhor, *"planos de fazê-los prosperar e não de lhes causar dano, planos de dar-lhes esperança e um futuro. Então vocês clamarão a mim, virão orar a mim, e eu os ouvirei. Vocês me procurarão e me acharão quando me procurarem de todo o coração. Eu me deixarei ser encontrado por vocês..."* (Jr 29.11-14a).

Quando buscamos Deus, vemos Deus. Não O vemos em Sua forma física, mas O vemos em Suas obras e passamos a enxergar a vida de Seu ponto de vista. A confiança cresce. Se nosso coração estiver disposto a confiar nEle, Ele nos mostrará cada vez mais de sua perspectiva. Mateus 5.8 nos ensina: *Bem-aventurados os puros de coração, pois verão a Deus.* Se quisermos vê-Lo em nossas circunstâncias e enxergar de Sua perspectiva, devemos buscá-Lo, a Seus caminhos e à Sua Palavra. Então, encontraremos Seus bons planos e Suas promessas de esperança e futuro.

Se estivermos passando por alguma grande decepção – algo pelo qual não gostaríamos de estar passando –, uma fase muito longa de sofrimento, ou alguma situação que não será mudada deste lado da eternidade, é fácil começar a sentir que os bons planos de Deus não estão sendo aplicados a nós.

É fácil começar a pensar que, de alguma forma, caímos no vácuo dos bons planos de Deus. As situações são muito definitivas. A tinta da caneta secou. A página foi virada. Seu coração está endurecido e machucado. Os médicos não deram esperança. O saldo no banco está devedor. O relógio biológico parou. Uma situação difícil dá lugar a outra e, depois, a outras ainda piores. E os dias sem resposta de oração já são muitos...

A verdade, porém, é que Deus está mais perto do que geralmente percebemos. Ele vê coisas que não vemos e sabe de coisas que não sabemos. De sua perspectiva, ele vê todas as coisas – o passado, o presente e o futuro – desde o dia em que fomos concebidos até o dia em que voltaremos ao pó e, além disso, por toda a eternidade.

> *Escute-me, ó casa de Jacó, todos vocês que restam da nação de Israel, vocês, a quem tenho sustentado desde que foram concebidos, e que tenho carregado desde o seu nascimento. Mesmo na sua velhice, quando tiverem cabelos brancos, sou eu aquele, aquele que os susterá. Eu os fiz e eu os levarei; eu os sustentarei e eu os salvarei. Com quem vocês vão comparar-me ou a quem me considerarão igual? A quem vocês me assemelharão para que sejamos comparados? Alguns derramam ouro de suas bolsas e pesam prata na balança; contratam um ourives para transformar isso num deus, inclinam-se e o adoram. Erguem-no ao ombro e o carregam; põem-no em pé em seu lugar, e ali ele fica. Daquele local não consegue se mexer. Embora alguém o invoque, ele não responde; é incapaz de salvá-lo de seus problemas. Lembrem-se disto, gravem-no na mente, acolham no íntimo, ó rebeldes. Lembrem-se das coisas passadas, das coisas muito antigas! Eu sou Deus, e não há nenhum outro; eu sou Deus, e não há nenhum como eu. Desde o início faço conhecido o fim, desde tempos remotos, o que ainda virá. Digo: Meu propósito permanecerá em pé, e farei tudo o que me agrada. Do oriente convoco uma ave de rapina; de uma terra bem distante, um homem para cumprir o meu propósito. O que eu disse, isso eu farei acontecer; o que planejei, isso farei.* (Is 46.3-11)

Isso era verdade para os israelitas. E é verdade para nós.

Para eles, a notícia de que ficariam em cativeiro durante setenta anos era realidade absoluta. Mas a verdade era que Deus tinha um bom plano e um propósito, que não eram para prejudicá-los, mas para dar-lhes um futuro e uma esperança – essa promessa ia se cumprindo durante todo o tempo em que estiveram cativos.

É assim que nós também podemos entregar o peso de nossas longas jornadas de sofrimento a Deus: tendo uma perspectiva mais elevada em nossa realidade presente. A aparente impossível obra da redenção é sempre possível com Deus. Em outras palavras, precisamos lembrar da diferença entre notícia e verdade.

As notícias chegam até nós para nos mostrar com o que estamos lidando.

A verdade vem de Deus e depois nos ajuda a processar tudo com o que estamos lidando.

Notícias e verdade nem sempre são a mesma coisa.

Minha querida amiga Shaunti Feldhahn me lembrou disso alguns anos atrás. Ela me mandou um *e-mail* a respeito de uma dificuldade pela qual eu estava passando. Suas palavras foram: "Lysa, isso é notícia. Isso não é verdade".

O que o médico me passou foram notícias. Notícias sinceras baseadas em resultados de exames e dados médicos.

Mas eu tenho acesso a uma verdade que transcende as notícias. A restauração, que é impossível com as limitações do homem, é sempre possível para um Deus ilimitado. A verdade é o que inclui Deus na equação.

> **Notícias e verdade nem sempre são a mesma coisa.**

A palavra "impossível" tem hoje para mim um significado diferente do que tinha um tempo atrás.

Impossível, quando visto à luz da mensagem da minha amiga Shaunti, pode ser uma notícia. Mas não será verdade se o meu Deus, o grande EU SOU, não quiser. Portanto, Ele é a minha possibilidade de esperança e cura.

Saber disso torna mais reconfortante olhar para qualquer coisa que pareça impossível – qualquer coisa que pareça ser demais para eu enfrentar. Em vez de dizer que Deus não vai me dar mais do que posso suportar, talvez seja melhor dizer: "Deus tem controle sobre tudo o que estou enfrentando".

Eu suspeito que muitas de nós tenhamos situações em nossa vida que parecem impossíveis. Talvez você esteja em fase de receber apenas más notícias – uma situação financeira impossível; uma situação de trabalho impossível; uma situação impossível relativa a um filho; uma situação impossível de algum amigo; uma situação médica impossível etc.

Seja qual for a notícia que você acabou de receber, oro para que o conselho dado por minha amiga Shaunti ajude a você também.

As situações citadas são notícias.

E estas a seguir são as verdades de Deus:

EU SOU O CAMINHO, A VERDADE E A VIDA.

Eu sou o caminho, a verdade e a vida. Ninguém vem ao Pai, a não ser por mim. (Jo 14.6)

EU SOU PARA SEMPRE FIEL.

O Criador dos céus, da terra, do mar e de todos os seres que neles há, o Deus que é fiel e verdadeiro para sempre! (Sl 146.6, NBV)

ESTOU COM VOCÊ.

Por isso não tema, pois estou com você; não tenha medo, pois sou o seu Deus. Eu o fortalecerei e o ajudarei; eu o segurarei com a minha mão direita vitoriosa. (Is 41.10)

EU ESTOU SEGURANDO VOCÊ.

E apesar de tudo isso, o Senhor *estava sempre ao meu lado, segurando bem firme a minha mão direita.* (Sl 73.23, NBV)

EU SOU SEU ABRIGO.

Tu és o meu abrigo; tu me preservarás das angústias e me cercarás de canções de livramento. (Sl 32.7)

Um dos maiores confortos para mim através de tudo que tenho passado é saber que, de alguma forma, Deus usará tudo isso para o meu bem e que Ele será o *meu possível* em meio ao impossível.

Eu ainda passo por momentos em que não me sinto tão segura espiritualmente, quando os cacos quebrados parecem se acumular e sinto que vou perder o controle. Eu choro. Eu gemo.

Como sou grata ao Grande EU SOU! Aquele que me guia na verdade e me ensina; Aquele em quem coloco minha esperança o dia todo (Sl 25.5). Sim, Ele pode lidar com todas as coisas que eu não posso; eu confio nEle para moldar o meu vaso quebrado e torná-lo uma linda peça.

Indo à fonte

> Deus não espera que carreguemos esse tipo de sofrimento, mas que o entreguemos a Ele.

Lembre-se

- Deus não quer que tenhamos mais força. Ele quer que confiemos na força dEle.
- Se continuarmos pensando que Deus não nos dá mais do que podemos suportar, começaremos a suspeitar de Deus.
- Deus está fazendo algo lindo em minha vida.
- Esse tipo de submissão é mais do que ceder; é render-se! É desistir de carregar o peso de tudo que é demais para nós e entregar ao nosso Deus.
- É nossa escolha se vamos ficar presos em nossa mágoa ou se vamos permitir que Ele renove o nosso coração.
- Deus não está longe e distante. Ele está mais perto do que geralmente percebemos.
- Isso é notícia ou verdade?
- A restauração, que é impossível com as limitações do homem, é sempre possível para um Deus ilimitado.

Receba

Irmãos, não queremos que vocês desconheçam as tribulações que sofremos na província da Ásia, as quais foram muito além da nossa capacidade de suportar, a ponto de perdermos a esperança da própria vida. De fato, já tínhamos sobre nós a sentença de morte, para que não confiássemos em nós mesmos, mas em Deus, que ressuscita os mortos. (2Co 1.8,9)

Leia também:

- Jó 2.7-10
- Salmos 25.5
- Isaías 45.9; 46.3,4,9-11
- Jeremias 29.10-14
- Mateus 5.8
- 1Coríntios 10.13
- Versículos da verdade: Salmos 32.7; 73.23; 146.6; Isaías 41.10; João 14.6

Reflita

- De que maneiras você questiona como Deus está tornando sua vida mais forte e mais bela do que nunca?
- Quais são os cacos quebrados que você precisa entregar a Deus?

Oração

Pai,

Chego hoje aqui – uma mulher cansada de tentar fazer tudo com as próprias forças. Estou pronta para aceitar o Seu convite e me render. Hoje eu digo que desisto. Eu desisto de carregar o peso de tudo isso que é demais para mim. Tome, Senhor. Segure tudo com força e triture, moa na textura certa, para que eu possa ficar mais forte, mais bonita e mais resistente ao fogo do que antes. Eu confio em Seu amor por mim. Eu confio em Seus planos para mim. E eu confio que o Senhor usará tudo isso para o meu bem.

Em o nome de Jesus. Amém.

CAPÍTULO OITO

Rompendo com as amarras

A esta altura de nossa jornada juntas, confesso que tenho certo receio de que você esteja achando que *a minha bagunça está muito organizada*. Talvez você tenha olhado diretamente para a minha fé e, com base nisso, feito algumas suposições e tirado algumas conclusões que podem até ser impressionantes, mas não verdadeiras. Se você fez isso, poderá pensar que, quando as coisas ficarem confusas no processo e no progresso da sua própria jornada, que a sua fé não é grande o suficiente.

Isso não é verdade.

Momentos de fraqueza não implicam fé fraca. Momentos de fraqueza tornam-nos ainda mais conscientes da nossa necessidade de permanecer na fé. Uma fé em Deus que nos ajuda a entender que aquilo que vemos não é tudo que existe. Momentos de fraqueza também são pistas que revelam o que precisa ser tratado agora nesta parte da jornada. Não se torture excessivamente por causa de seus momentos de fraqueza, tampouco os ignore.

Aprendi a prestar atenção nos momentos em que me sinto muito fraca, nos momentos em que minha dor volta a incomodar e tenho uma reação desproporcional a uma situação. Quando minha reação imediata é chorar, gritar, tentar assumir o controle, "chutar o pau da barraca", ou surtar, seja qual for o motivo, eu sei que há mais nessa história do que simples manifestação dos meus hormônios. Há feridas não tratadas.

Hoje, o que aconteceu foi uma pergunta que alguém me fez, sem nenhuma outra intenção. No entanto, pelo fato de haver certa dor relativa ao assunto, a pergunta suscitou sentimentos que conduziram a outros pensamentos, os quais, por sua vez levaram a uma inundação total de dor não resolvida. Minha fisionomia ficou impassível, mas dentro de mim minhas emoções ficaram agitadas e desenfreadas, fervilhando de dor e *cuspindo* palavras afiadas. De repente, havia pilhas de arquivos se abrindo em minha mente, classificando cada vez mais evidências de justificativa daqueles sentimentos e atribuindo verdade aos meus pensamentos. Comecei a recordar outras situações em que aquela determinada pessoa me fez ter sentimentos semelhantes. Conversas anteriores ficaram *arquivadas em pastas* dentro da minha mente e rotuladas como "provas a serem usadas sempre que necessário".

E que coleção eu tinha! Provas de que ela não gostava de mim. Provas de que ela não era confiável.

Só que, na realidade, eu sabia que aquela pessoa me amava. Eu já a havia perdoado pelo conteúdo desses arquivos. Então, por que, de repente, me lembrava de seus piores momentos com extrema precisão e detalhes? Ela fora muito importante em minha vida nos últimos meses, e eu poderia recordar de tudo isso para afirmar que ela era confiável. No entanto, porque a pergunta dela me assustou, de repente tudo me pareceu assustador. Todas as questões do passado agravaram a presente situação.

Eu estava tendo dificuldade em encontrar um ritmo razoável para a minha respiração. Eu queria aquela pessoa longe de mim. Ao mesmo tempo, queria que ela se aproximasse, reconhecesse que a pergunta tinha sido estúpida e se desculpasse. Eu queria que ela lesse minha mente e me dissesse que eu tinha razão em me sentir daquela forma e que, sem mais nem menos, ela me apresentasse um documento "com firma reconhecida" em que se comprometia a nunca mais me machucar. "Dê-me uma garantia de segurança, ou será a morte do nosso relacionamento!"

Enquanto digito estas palavras, posso olhar para trás e ver quanto eu estava extrapolando, colocando tudo fora de proporção. Posso dizer que, no calor do momento, aqueles sentimentos pareciam os pensamentos mais lógicos que eu já tivera. Meus pensamentos mais irracionais reuniram todo o pesar registrado nesses arquivos e acenderam uma centelha de dor com a inesperada pergunta. E aquela fagulha acendeu imediatamente a fogueira. Mágoas não resolvidas do passado são um trágico combustível.

Eu já a perdoara pelo que tinha feito. Bom... Eu tinha verbalizado o perdão. Mas me recusava a arrancar os rótulos que havia nela colocado.

Indiferente.

Irresponsável.

Impiedosa.

Às vezes, esses rótulos nos protegem de pessoas tóxicas. Mas algumas vezes nos impedem de perdoar e seguir em frente, mesmo quando os relacionamentos estão saudáveis. É preciso sabedoria para ver a diferença.

Senti dentro de mim que aquela pessoa não merecia aqueles rótulos. Ela simplesmente fizera uma pergunta que poderia ter sido respondida de forma saudável. Só que, porque sentimentos passados alimentaram a dor do meu presente, perdi horas de energia emocional remoendo o ocorrido. Minha manhã saiu dos trilhos. Minhas emoções foram sequestradas. E nenhuma vez, em todo esse tempo, eu me lembrei que poderia ter escolhido reagir de outra forma. Brilhante dedução, não foi?!

Talvez você também tenha esses momentos em que as coisas acabam desandando, em meio a todo o progresso já alcançado.

Isso não significa que sua cura não esteja ocorrendo. É apenas uma indicação de que você é um ser humano que ainda está segurando alguma dor que precisa ser resolvida. Assim como eu.

Não devemos nos condenar. Devemos agir.

Ainda há alguns aspectos em minha vida que estão me impedindo. Algumas feridas não resolvidas me seguram. Ainda existem arquivos em minha mente que precisam ser limpos e removidos. Caso contrário, meus esforços para avançar terão cordões presos à minha dor do passado que estarão sempre ameaçando me segurar e derrubar.

E esta é a dádiva dos meus momentos confusos. Eles me fazem perceber que há algumas pendências a serem resolvidas. É quando paro de fingir que estou bem. É quando paro para enfrentar o que realmente está me impedindo de seguir em frente. Não apenas mancando ou me arrastando em razão do peso do que já passei, mas correndo livremente. Hebreus 12.1,2 nos lembra:

> *Visto que temos uma multidão de testemunhas ao nosso redor, afastemos de nós qualquer coisa que nos torne vagarosos ou nos atrase, e especialmente aqueles pecados que se enroscam tão fortemente em nossos pés e nos derrubam; e corramos com perseverança a corrida que Deus propôs para nós. Mantenham o olhar firme em Jesus, autor e consumador da nossa fé. Ele esteve pronto a padecer uma morte vergonhosa na cruz por causa da alegria que sabia que teria depois; e agora está assentado à direita do trono de Deus.* (NBV)

Para podermos correr livres, devemos fazer três coisas:

- Devemos nos livrar do que nos atrapalha e atrasa.
- Devemos nos desembaraçar do pecado.
- Devemos perseverar, mantendo nossos olhos em Jesus, que é o autor da história da nossa fé.

DEVEMOS NOS LIVRAR DO QUE NOS ATRAPALHA E ATRASA

Na situação que descrevi anteriormente, a pergunta que me foi feita tocou em um profundo medo em meu coração... o medo de eu ter sido a causadora das dificuldades adicionais à minha vida. E, porque eu estava carregando esse medo, não demorou muito para que a pergunta, que tinha a ver com isso, fosse mal interpretada. O questionamento era sobre uma mudança que eu poderia precisar fazer. Mas, em vez disso, eu interpretei que todo o ocorrido poderia ter sido evitado. Não foi essa a intenção da pergunta, mas com certeza era essa a luta no fundo do meu coração. Então, não demorou para que aquela pergunta tocasse meu medo.

Não é que eu não tivesse certa responsabilidade. Mas, naquele caso específico, eu estava me responsabilizando por coisas que não tinha feito. Eu estava me punindo por escolhas que não eram minhas. E o fardo do medo e da mentira estava me impedindo de avançar de maneira mais saudável, de ouvir as palavras da minha amiga sem atribuir a elas significados ocultos.

Finalmente reconheci que, se eu pudesse lidar com esse medo e aprender como ter uma perspectiva mais verdadeira sobre as circunstâncias que não escolhi ou causei, provavelmente poderia perdoar mais facilmente futuras ofensas que interferissem nesse medo. E então poderia reagir melhor a perguntas e declarações feitas por outros. E... talvez eu pudesse ser suficientemente corajosa para me livrar dos arquivos, das provas, em minha mente.

Pode ser que você tenha tido sua própria versão desse tipo de acontecimento e chegado a sentir que perderia o controle e todas as evidências de que ama a Jesus. Compreendo. E gostaria muito que pudéssemos lidar juntos com isso. Vamos, em breve, tratar com o pecado que também nos causa dificuldades. Mas, agora, por favor, ouça-me: às vezes, o sofrimento não acontece por causa do que você fez, mas por causa de algo que Deus está fazendo, e Ele fará tudo terminar bem.

Vemos isso tanto no Antigo como no Novo Testamentos. Já vimos isso, também, na vida de Jó. Seus amigos estavam determinados a identificar o que Jó havia feito para passar por tantos problemas. Mas Deus deixou claro que os amigos de Jó estavam equivocados em suas acusações.

Jesus também levantou esse mesmo ponto em uma de suas interações. Você se lembra do que eu compartilhei anteriormente sobre Jesus ter cuspido no pó, feito lama com sua própria saliva e curado os olhos do cego?

Esse relato consta em João 9. Há, porém, mais coisas para aprendermos desse ensinamento. Essa história realmente nos ajudará.

> Ao passar, Jesus viu um cego de nascença. Seus discípulos lhe perguntaram: "Mestre, quem pecou: este homem ou seus pais, para que ele nascesse cego?" Disse Jesus: "Nem ele nem seus pais pecaram, mas isto aconteceu para que a obra de Deus se manifestasse na vida dele. Enquanto é dia, precisamos realizar a obra daquele que me enviou. A noite se aproxima, quando ninguém pode trabalhar. Enquanto estou no mundo, sou a luz do mundo". Tendo dito isso, cuspiu no chão, misturou terra com saliva e aplicou-a aos olhos do homem. Então lhe disse: "Vá lavar-se no tanque de Siloé" (que significa "enviado"). O homem foi, lavou-se e voltou vendo. (Jo 9.1-7)

A cegueira desse homem – seu longo sofrimento – não foi por causa das escolhas que ele fez ou das que seus pais fizeram. Esse sofrimento lhe foi imposto, mas por um motivo. Ele foi "escolhido a dedo" para que as obras de Deus fossem nele reveladas. Por meio dessa história, Jesus pôde mostrar a luz de sua verdade, de forma que a vida de outros também não ficasse tão sombria. Então, Jesus trouxe cura ao sofrido cego.

Imagine só... entre todos, aquele homem foi escolhido para proclamar a verdade e demonstrar as obras de Deus! Sim, ele sofrera muitos anos com a cegueira. Mas, olhando para o texto, podemos ver todas as bênçãos decorrentes de seu quebrantamento:

- Ele foi tocado pessoalmente por Jesus e experimentou, de forma inédita, o pó transformado em lama milagrosa.
- Ele chegou a ouvir Jesus proclamar uma das sete declarações do "Eu sou" registradas no livro de João. Logo antes de sua cura, ele ouviu Jesus dizer: ... [Eu] sou *a luz do mundo.*
- Foi-lhe oferecido um convite pessoal de salvação pelo próprio Jesus. Você pode imaginar que honra será para ele quando, no céu, conversarmos sobre como chegamos a conhecer o Senhor? Ele será um dos poucos que poderá dizer que seu convite de salvação veio de uma conversa com o próprio Jesus (Jo 9.35-38).
- Sua história está registrada na Bíblia, e hoje ainda falamos sobre ele!

Enquanto sua história e suas bênçãos são exclusivas para ele, tenha certeza de que, quando você é escolhida para sofrer, essa escolha implica também a bênção de exibir as obras de Deus. E se as piores partes da sua vida forem, na verdade, portais de entrada para as melhores, as quais você não quer perder?

Vou entender, perfeitamente, se alguns de vocês quiserem, agora, jogar este livro para o outro lado da sala. Eu realmente compreendo. Ser escolhida para o sofrimento dá a impressão de que Deus está permitindo que coisas ruins aconteçam conosco. É muita dor sem recompensa inicial. Mas lembre-se: Deus não está causando essa dor e sofrimento; Ele está permitindo. Deus não está nos atacando. Ele nos escolheu para demonstrar suas boas obras aqui na terra. E, acredite em mim, na eternidade você vai querer ser escolhida para isso. (Explicarei mais adiante no livro, mas, por enquanto, saiba que sua recompensa está a caminho!)

Se ao menos pudéssemos ver o quadro completo que Deus vê! Se ao menos pudéssemos ver todo o bem que Deus certamente fará por meio de nós e em nosso favor! Se pudéssemos ter um vislumbre da perspectiva de Deus, acho que não jogaríamos o livro fora. Podemos ficar contrariadas, aborrecidas e iradas. Podemos até continuar registrando todos os problemas do passado. Porém, creio que deveríamos simplesmente dizer: "Tudo bem, Deus me escolheu para enfrentar essa situação. Posso confiar nEle para me conduzir por ela e além dela. O que parece horrível hoje, será muito glorioso naquele dia".

> E se as piores partes da sua vida forem, na verdade, portais de entrada para as melhores, as quais você não quer perder?

Segure-se na perspectiva de Deus. Entregue a Jesus o peso que você está carregando. Fique aliviado, seja moldável. E você será uma luz para muitos!

No entanto, para que possamos nos manter alinhados com Hebreus 12.1,2, precisamos também combater nosso pecado.

DEVEMOS NOS DESEMBARAÇAR DO PECADO

Hebreus 12.1,2 diz não apenas que devemos nos livrar do que nos atrapalha e atrasa, mas que também devemos nos desembaraçar do pecado. O pecado confunde e sufoca nossa capacidade de sermos bem-sucedidos na corrida da vida. E não quero terminar este capítulo antes de abordar as dificuldades causadas pelo nosso pecado.

Ouça-me, por favor. Meu câncer não foi causado por nenhum pecado que eu tivesse cometido. Muitas das dificuldades enfrentadas pelas pessoas – desastres naturais, enfermidades e perdas inexplicáveis – são resultados da queda de Gênesis 3. Podemos não ser capazes de nos livrar dessas circunstâncias, mas não precisamos carregar o fardo sem a perspectiva esperançosa de Deus. Nesta vida entre dois jardins, Deus frequentemente usa situações de dor como oportunidades de nos despertar para Seu poder de restauração e para manter nosso coração ansiando pela perfeição do Éden final, onde não haverá mais sofrimento.

Isso é válido para as dificuldades que nos acometem. Porém, outras situações que enfrentei em minha vida – em que tive sofrimento prolongado – foram resultado direto de minhas escolhas fora da verdade protetora de Deus.

Precisamos nos livrar tanto dos problemas a nós atribuídos como dos problemas decorrentes de nosso pecado e entregues a Deus.

Conversamos anteriormente sobre Jó. O sofrimento dele não foi causado pelo pecado, tampouco o do homem cego. Porém, há outro homem na Bíblia que carregou fardos pesados em sua vida por ter feito escolhas pecaminosas. Seu nome era Davi.

Depois que Davi foi confrontado sobre o adultério que cometera com uma mulher chamada Bate-Seba, ele ficou horrorizado ao perceber quão longe de Deus seu pecado o havia levado. Algumas consequências desse pecado nunca poderiam ser desfeitas. O marido de Bate-Seba, Urias, foi morto por ordem de Davi. E o bebê que Bate-Seba concebeu de Davi também morreu. Essas situações resultaram em sofrimentos que nunca teriam fim. Esse "homem segundo o coração de Deus" estava totalmente decepcionado consigo mesmo, e a dor parecia não ter nenhum propósito positivo. No entanto, sua história não terminou no pó do desespero! Deus continuou trabalhando. Deus ainda tinha um plano e continuou moldando Davi para um propósito maravilhoso – não apenas para ele, mas para ajudar muitos! Davi escreveu o Salmo 51 por causa do seu pecado. E eu acho que é um dos melhores exemplos de como podemos nos livrar do pecado que nos embaraça.

Veja a progressão de suas palavras:

A confissão

*Tem misericórdia de mim, ó Deus, por teu amor;
por tua grande compaixão apaga as minhas transgressões.
Lava-me de toda a minha culpa
e purifica-me do meu pecado.
Pois eu mesmo reconheço as minhas transgressões,
e o meu pecado sempre me persegue.
Contra ti, só contra ti, pequei
e fiz o que tu reprovas,
de modo que justa é a tua sentença
e tens razão em condenar-me.
Sei que sou pecador desde que nasci,
sim, desde que me concebeu minha mãe.
Sei que desejas a verdade no íntimo;
e no coração me ensinas a sabedoria.
(Sl 51.1-6)*

A purificação

*Purifica-me com hissopo, e ficarei puro;
lava-me, e mais branco do que a neve serei.
Faze-me ouvir de novo júbilo e alegria,
e os ossos que esmagaste exultarão.
Esconde o rosto dos meus pecados
e apaga todas as minhas iniquidades.
(Sl 51.7-9)*

A criação

*Cria em mim um coração puro, ó Deus,
e renova dentro de mim um espírito estável.*

Não me expulses da tua presença,
nem tires de mim o teu Santo Espírito.
Devolve-me a alegria da tua salvação
e sustenta-me com um espírito pronto a obedecer.
(Sl 51.10-12)

O chamado

Então ensinarei os teus caminhos aos transgressores,
para que os pecadores se voltem para ti.
Livra-me da culpa dos crimes de sangue,
ó Deus, Deus da minha salvação!
E a minha língua aclamará a tua justiça.
Ó Senhor, dá palavras aos meus lábios,
e a minha boca anunciará o teu louvor.
(Sl 51.13-15)

Isso não é incrível? Dá para notar a progressão de como Deus tomou o pó do pecado de Davi e o remodelou? Davi *confessou*. Ele pediu a Deus para *purificá-lo*. Ele pediu a Deus para *criar* dentro dele um novo coração. E então um novo *chamado* surgiu.

O mais profundo desespero de Davi levou a uma grande revelação de Deus. E o mesmo pode ser verdade para nós ao nos entregarmos ao Senhor. A tentação de Davi e o engano do maligno se transformaram em um testemunho e em uma declaração sobre a bondade de nosso Deus. E o mesmo é verdade para nós quando nos entregamos ao Senhor. O período de confissão, purificação e criação do novo coração de Davi não poderia ser omitido ou apressado. Cada passo foi necessário para que esse período fosse de restauração e de cumprimento do seu chamado.

Novamente, o mesmo é verdade para nós quando nos entregamos ao Senhor.

Observe que Davi escreveu no versículo 13: *Então ensinarei...* e não "Agora ensinarei..."

"Meu mais profundo desespero pode levar a uma grande revelação de DEUS."

O pecado quebra a confiança. Portanto, não podemos esperar que Deus nos confie um chamado antes de nossa completa confissão, purificação e de termos um novo coração criado no lugar de nosso coração quebrado. Quando a confiança é abalada, ela deve ser reconstruída ao longo do tempo, com comportamento confiável em nossas ações e reações.

Então, com o tempo, Davi foi curado e a confiança, reconstruída. Ele pôde ensinar aos outros o que aprendera, para que os que forem tentados com o mesmo pecado também possam se voltar para Deus. Quando passamos por um período como esse, podemos nos concentrar em aprender sobre a natureza compassiva de Deus e como estender essa compaixão a outros. Por sua vez, esse foco se tornará parte do nosso chamado. Assim como a dor de Davi se transformou em um propósito, o mesmo pode ser verdade para nós e também para o que fizemos. Nosso longo sofrimento não parecerá tão longo nem tão doloroso, quando tomarmos conhecimento de que a perspectiva de Deus é nos usar para o bem.

DEVEMOS PERSEVERAR, MANTENDO NOSSOS OLHOS EM JESUS

Veja como Eugene Peterson parafraseou Hebreus 12.1-3:

> *Percebem o que isso significa – todos esses pioneiros iluminando o caminho, todos esses veteranos nos encorajando? Significa que o melhor a fazer é continuar. Livres dos acessórios inúteis, comecem a correr – e nunca desistam! Nada de gordura espiritual extra, nada de pecados parasitas. Mantenham os olhos em Jesus, que começou e terminou a corrida de que participamos. Observem como ele fez. Porque ele jamais perdeu o alvo de vista – aquele fim jubiloso com Deus. Ele foi capaz de vencer tudo pelo caminho: a cruz, a vergonha, tudo mesmo. Agora, está lá, num lugar de honra, ao lado de Deus. Quando se sentirem cansados no caminho da fé, lembrem-se da história dele, da longa lista de hostilidade*

que ele enfrentou. Será como uma injeção de adrenalina na alma! (A Mensagem)

Eu gosto disso; Peterson nos dá o segredo da pessoa que segue em frente. Vamos chamar de "O segredo de permanecermos firmes". Jesus viveu essa realidade para que pudéssemos conhecê-la. Vamos olhar novamente para uma parte específica da passagem: *Porque ele [Jesus] jamais perdeu o alvo de vista [...]. Ele foi capaz de vencer tudo pelo caminho.* É por isso que devemos manter nossos olhos nEle e, constantemente, ler a Sua história – a Bíblia.

É assim que passamos por esta vida entre dois jardins. É assim que entendemos as coisas que não fazem sentido. É assim que podemos crer que Deus é bom quando a vida não é boa. É assim que podemos enfrentar uma mágoa após outra, uma decepção após outra, o prolongado sofrimento, e ainda corrermos nossa corrida com oxigênio enchendo nossos pulmões, paz enchendo nossa mente e alegria enchendo nosso coração.

É assim que podemos aceitar a realidade e viver tranquilos. É assim que equilibramos a luta entre nossa fé e nossos sentimentos.

Não perca de vista para onde estamos indo. Vamos manter nossos olhos em Jesus, que nos mostrará como enfrentar qualquer situação ao longo do caminho.

NO ANO PASSADO, DEUS ME MOSTROU como Ele quer que minha vida seja. Eu não sou o tipo de pessoa que diz "Tive uma visão". No começo, pensei que era apenas minha imaginação vagando. Mas, então, tive uma percepção em meu coração de que não era o acaso; era realmente Deus.

O vislumbre em minha mente foi de uma bela flor feita de vidro fino como papel. Eu a olhei de todos os lados e fiquei muito admirada de como ela havia sido feita. Então, uma mão se estendeu e envolveu a flor de vidro. Só que, quando a mão se fechou ao redor dela, o vidro estalou e estilhaçou. O vidro era delicadamente belo, mas muito frágil para ser manuseado.

Então, vi a mesma flor moldada em metal brilhante. E a mão se estendeu, envolveu a flor e a segurou por alguns segundos. Em seguida, a mão novamente se fechou ao seu redor. Só que dessa vez nada aconteceu à flor. Não houve nenhuma alteração nela. Então, percebi que, quanto mais a mão a pressionava, mais dor a flor de aço causava à mão. O aço era forte, mas não moldável. A flor de metal era muito dura para ser trabalhada.

Em seguida, vi a mesma flor feita de argila branca úmida. Cada detalhe era o mesmo, exceto que, agora, quando a mão se estendeu e se fechou ao seu redor, a flor acompanhou os movimentos da mão. A argila foi espremida entre os dedos. A mão dobrou, torceu e trabalhou com a argila, até surgir uma flor ainda mais bonita.

O barro era delicadamente belo, mas não frágil demais. A argila era forte o suficiente para manter sua forma, mas macia o bastante para permitir que a mão a remodelasse conforme necessário. E, ao final, a flor de barro acabou sendo a mais bonita de todas.

Foi aí que finalmente senti que podia entender um pouco da perspectiva de Deus. Deus ama as partes de minha vida que são delicadamente belas, mas Ele não quer que eu seja frágil como aquele vidro. Deus me fez para ser forte, mas Ele não quer que eu fique dura e incapaz de ser moldada como o metal.

Ele me quer como o barro, que consegue ficar firme, mas continua sendo flexível para ser moldado e refeito para qualquer propósito que Ele tenha para mim. E a única maneira de fazer isso é fixando os olhos em Jesus. Continuamente...

Eu sabia que lidaria melhor com a vida se essa também fosse a minha perspectiva.

Apenas alguns meses depois que Deus me deu a visão da flor, eu estava ensinando a mensagem do pó em uma conferência da LifeWay [Caminho de Vida] chamada "The Word Alive" [A Palavra Viva]. Uma das coisas que diferencia essa conferência é que as mulheres que participam recebem elementos com os quais podem experimentar Deus trabalhando por meio dos ensinamentos de maneira muito pessoal. Como eu estava ensinando sobre como o "pó" ao ser misturado com a água viva de Deus resulta em barro, e como objetos belos e novos podem ser feitos dele, cada participante recebeu uma pequena porção de argila.

Observei as mulheres amassando o barro e transformando-o em suas próprias criações. Foi um tempo extremamente significativo vê-las pensar sobre as partes da sua vida que eram "cacos e pó", tocar e moldar o barro como Deus quer fazer com elas. Havia tantas formas expressivas, mas uma, em particular, me fez sorrir. Era uma flor incrível. Muito parecida com a da minha visão de meses atrás.

Deus estava consolando aquela mulher com o mesmo conforto que havia me dado. Fiquei muito feliz. Senti uma sensação de redenção e um propósito renovado. As minhas circunstâncias não haviam mudado, mas se renovou em mim a certeza de que o plano de Deus era bom. Eu podia ver com meus próprios olhos que nenhuma das minhas lágrimas seria desperdiçada. Ainda não era o quadro completo – eu não tinha todas as respostas –, mas já era suficiente para me ajudar a continuar.

E não foi porque eu estava em pé em um palco, diante de um auditório. Foi porque vi uma flor. Eu vi uma mulher sendo ajudada pela minha história. Eu vi as lágrimas diminuírem e a esperança crescer. Sim, porque eu ousara compartilhar meu próprio segredo, ela poderia fazer o mesmo. Que dádiva do Pai!

A minha história fez intersecção com a história dela. A providência eterna de Deus garantiu que eu estivesse ali naquele momento, e ela também. Ele estava conduzindo cada uma de nós separadamente, mas naquele dia Ele nos colocou juntas. Minha vida tocou a dela e a fez sentir-se menos sozinha, menos quebrada, menos desesperada. Sua vida tocou a minha e me lembrou que eu tinha lições que poderia compartilhar sobre minha fragilidade que eram preciosas e úteis.

Eu fiz diferença, e que diferença isso fez em mim! Somente mergulhar em meu sofrimento não produz nada além de olhos vermelhos, cabelos desgrenhados e um coração cheio de desespero. Mas caminhar nas coisas boas que Deus planeja no meu sofrimento produz um olhar de esperança, pensamentos lúcidos e um coração cheio de alegria verdadeira.

Se nossas dificuldades e decepções foram causadas por algo que tenhamos feito, como foi com Davi, ou por situações advindas sobre nós, como no caso do homem cego, a perspectiva de Deus é que tudo se tornará em bem. Haverá fases de sofrimento, sim, mas Ele não deixará que o sofrimento seja em vão.

> Quando estamos sendo provadas, estamos nos tornando mais eficazes!

E Ele usará esse sofrimento para nos moldar e nos preparar ainda mais para o propósito de nos livrar do que nos impede, deixando-nos livres das amarras do pecado, de forma que possamos perseverar, mantendo nossos olhos em Jesus.

Quando estamos sendo provadas, estamos nos tornando mais eficazes!

É assim que podemos nos gloriar nas tribulações:

> *Tendo sido, pois, justificados pela fé, temos paz com Deus, por nosso Senhor Jesus Cristo, por meio de quem obtivemos acesso pela fé a esta graça na qual agora estamos firmes; e nos gloriamos na esperança da glória de Deus. Não só isso, mas também nos gloriamos nas tribulações, porque sabemos que a tribulação produz perseverança; a perseverança, um caráter aprovado; e o caráter aprovado, esperança* (Rm 5.1-4).

Não é fantástico saber que, se mantivermos nossos olhos no Senhor, nosso fardo se tornará mais leve? Ao final, nosso sofrimento produzirá não apenas perseverança para nossa corrida, mas trará esperança. Gloriosa esperança para todos.

Indo à fonte

> E se as piores partes da sua vida forem, na verdade, portais de entrada para as melhores, as quais você não quer perder?

Lembre-se

- Às vezes, o sofrimento não acontece por causa do que você fez, mas por causa de algo que Deus está fazendo.
- Quando você é escolhida para sofrer, essa escolha implica também a bênção de exibir as obras de Deus
- Deus não está causando essa dor e sofrimento; Ele está permitindo.
- O pecado confunde e sufoca nossa capacidade de sermos bem-sucedidos na corrida da vida.
- Meu mais profundo desespero pode levar a uma grande revelação de Deus.
- Deus usará esse sofrimento para moldar e preparar melhor a nossa vida.
- Quando estamos sendo provadas, estamos nos tornando mais eficazes!
- Ao final, nosso sofrimento produzirá não apenas perseverança, mas trará esperança.

Receba

Portanto, também nós, uma vez que estamos rodeados por tão grande nuvem de testemunhas, livremo-nos de tudo o que nos atrapalha e do pecado que nos envolve, e corramos com perseverança a corrida que nos é proposta, tendo os olhos fitos em Jesus, autor e consumador da nossa fé.

Ele, pela alegria que lhe fora proposta, suportou a cruz, desprezando a vergonha, e assentou-se à direita do trono de Deus. (Hb 12.1,2)

Leia também:
- Salmos 51.1-15
- João 9.1-7,35-38
- Romanos 5.1-4

Reflita

- Que pesos estão lhe atrapalhando e precisam ser jogados fora? (Hb 12.1)
- Que pecados estão envolvendo você? (Hb 12.1)
- Em que, neste momento, você precisa perseverar? (Hb 12.2)
- Que alegria você recebeu que poderá ajudá-lo a perseverar? (Hb 12.2)

Oração

Pai,
Eu quero muito correr com perseverança a corrida que o Senhor me propôs. Quero continuar seguindo em frente, mesmo quando as provocações do inimigo são ensurdecedoras e minha própria carne está exigindo que eu desista e volte atrás. Abra meus olhos para ver qualquer coisa e todas as coisas que estejam me atrapalhando. Sonde meu coração. Examine minha vida. E me ajude a me apegar firmemente à verdade de que o Senhor está a meu favor, e não contra mim. O Senhor não me acusa. O Senhor me escolheu. E eu quero viver uma vida que lhe dê glória. Ajude-me hoje a recuperar o fôlego, Senhor. Estou, novamente, pronta para seguir em frente.

Em nome de Jesus. Amém.

CAPÍTULO NOVE

Expondo o inimigo

Você se lembra do que escrevi sobre o inimigo no primeiro capítulo deste livro? "Se o inimigo conseguir nos isolar, ele conseguirá nos influenciar." E a entrada favorita dele em nossa vida é através das nossas decepções.

É exatamente por saber disso que sinto a urgência de compartilhar como ele atua, pois, ao entendermos melhor suas estratégias, poderemos evitar as armadilhas das trevas. Eu quero detalhar isso aqui, mas no contexto da "Sinfonia da Compaixão" de Deus. Vamos nos lembrar da ternura com que todas as palavras são escritas. Não há condenação, mas ajuda e esperança. Não quero que nenhum de nós fique isolado, intimidado ou influenciado pelo inimigo.

O objetivo aqui não é expor a você nem a mim, mas o inimigo. Além disso, por favor, não permita que aquilo que falarmos aqui sobre ele suscite qualquer medo em você. Essas informações sobre o nosso inimigo não são para nos assustar, mas para nos informar. E, finalmente, para nos proteger e nos libertar.

Estou pregando esta mensagem para mim mesma. Mas, já que você está "escutando" o que estou "falando", creio que logo descobrirá o motivo de Deus ter providenciado para que você estivesse lendo, hoje, estas palavras.

O inimigo usa decepções para causar uma diversidade de problemas em um coração instável. E o coração sedento por algo que alivie a dor do desapontamento é especialmente suscetível às formas mais perigosas de desejo. Especialmente quando esse coração não é proativo quanto a reconhecer a verdade e permanecer em comunhão com pessoas saudáveis, humildes, que também vivem essa verdade.

Lembre-se: os desejos perigosos resultantes de nossas decepções não resolvidas são a prévia de uma queda. Quanto mais alto, maior o tombo.

Uma amiga muito querida viveu isso, e ela hoje deseja que você e eu vejamos o que ela não viu até que uma séria destruição e devastação sobrevieram à sua vida.

Essa minha amiga mudou-se da nossa cidade há cinco anos e, embora tivéssemos as melhores intenções de mantermos contato, a vida foi passando. Falávamos ocasionalmente ao telefone e trocávamos algumas mensagens de texto, mas isso foi diminuindo e acabamos nos afastando. Eu sentia falta dela, mas a longa distância fazia com que nossa comunicação se tornasse mais difícil do que esperávamos.

Então, eu fiquei emocionada quando ela me mandou uma mensagem dizendo que viria participar de uma de minhas palestras e que viajaria, várias horas, de onde morava para estar presente.

Uma semana antes de nos encontrarmos, comprei uma roupa nova e deixei de comer pão. Eu queria estar em forma quando nos encontrássemos!

Eu estava de bom humor quando nos sentamos pela primeira vez para almoçar juntas. E, apesar de ela sorrir e brincar, senti que algo estava errado. Muito errado.

Eu podia sentir. Era quase como se eu pudesse "sentir o cheiro de fumaça de um rescaldo de incêndio". Onde há fumaça, há sempre fogo. E me recusei a ignorar aquele sinal.

"**DESEJOS** perigosos resultantes de nossas decepções não resolvidas são a prévia de uma queda."

Eu, simplesmente, não consegui ignorar. Um alarme soou em minha mente, e minhas mãos suavam. Olhei bem dentro de seus olhos e disse: "Eu sei que você não está bem. O que está acontecendo?"

Ela fechou os olhos e puxou o ar profundamente. Em seguida, sua respiração foi ficando ofegante, seus lábios deixaram de sorrir, sua fisionomia se fechou e seus ombros decaíram.

"Eu fiz algo horrível. Tão horrível que sinto que vou morrer. Honestamente, alguns dias, eu quero morrer."

Meu coração começou a bater contra os ossos do meu peito. De repente, pareceu que o ar estava sendo sugado para fora da sala. Fiquei, então, repetindo para mim mesma: "Não entre em pânico. Não entre em pânico. Não entre em pânico..." E, estendendo minhas mãos, segurei a mão dela.

Uma história de concessão, decepção e traição conjugal ia jorrando de seus lábios, enquanto lágrimas escorriam de seus olhos.

É doloroso olhar nos olhos de alguém a quem você ama profundamente e ver ali um terror absoluto. Ela fizera escolhas que golpeavam sua vida como uma bola de demolição. Não havia mais tranquilidade em seu coração. Suas escolhas haviam demolido o que fora bom e se transformado na aguda realidade de um pesadelo.

Eu sabia que o inimigo estava fazendo o que ele faz de melhor: *roubar, matar e destruir* (Jo 10.10). Quando ele detecta nosso interesse por desejos perigosos, ele nos rodeia com grande determinação. Ele não conhece nossos pensamentos, mas certamente pode ver quando abrimos a porta para a possibilidade de pecado e começamos a flertar com ele.

Suas emoções estavam tão profundamente enredadas com outro homem que ela sentia como se fosse morrer sem ele. Mas, ao mesmo tempo, os pesos da culpa e da vergonha também estavam, lentamente, tirando-lhe a vida. Ela se sentia totalmente destruída, presa e infeliz.

O pecado é uma mentira terrível. Ele promete preencher as lacunas de nossas decepções com satisfação. Na realidade, ele vai direto ao nosso coração e o enche de vergonha. Se ao menos pudéssemos enxergar, desde o início, o que a escolha do pecado pode fazer conosco... Como Ravi Zacharias[1] disse, "O pecado nos leva mais longe do que queremos ir, nos mantém mais tempo do que queremos ficar e nos custa mais do que queremos pagar."[2]

Sim, o pecado é uma mentira, e suas sutis sugestões estão sendo sussurradas em seus ouvidos e nos meus neste instante, deixando o cheiro da morte enquanto respira. Nós, no entanto, não temos que simplesmente ficar sentados e nos submeter a isso, esforçando-nos de forma hercúlea para não ouvir. Nós podemos fazer algo a respeito.

O que mais me ajudou foi estudar detalhadamente as táticas que o inimigo quer utilizar comigo. Eu já ouvi dizer que não devemos "dar ibope" ao inimigo. Eu concordo com isso. Não devemos nos *focar* nele, mas devemos *lutar* contra ele. A Palavra de Deus nos ajuda de forma poderosa a entender melhor as artimanhas do inimigo e, por isso, é tão importante que as estudemos. Afinal de contas, se Deus as deixou escritas em sua Palavra, então precisamos lê-las e entendê-las, para que possamos nos equipar melhor e assim combater os ataques do inimigo.

Vamos dar uma olhada, mais de perto, no que o inimigo quer fazer com você, com minha amiga e comigo, neste dia:

- Tentar
- Enganar
- Acusar

---

[1][NT]: Conhecido pastor indiano que reside nos EUA.
[2]ZACHARIAS, Ravi, *Good Reads*, acessado em 3 de junho de 2018, <https://www.goodreads.com/quotes/746709-sin-will-take-you-farther-than-you-want-to-go>.

TENTAÇÃO

Como eu já disse, o inimigo não consegue ler nossa mente. No entanto, ele pode estudar nossos padrões e ouvir nossas decepções expressas. Ele sabe que nossas decepções suscitam dor e que nosso cérebro exige algo para aliviá-la. Essa é uma porta perfeita através da qual Satanás pode entrar com suas seduções malignas e tentações.

Como seria bom se toda tentação tivesse uma etiqueta de advertência, para sabermos onde estamos nos metendo!

Por exemplo, se você é tentada a gastar demais, a etiqueta de advertência poderia ser assim:

> "Você passará a olhar para as outras pessoas e notará todas as coisas novas e atraentes que elas têm. O início será uma pequena semente de ciúmes que crescerá até que você racionalize que também merece as mesmas coisas. Você, então, aumentará suas compras *on-line* e com isso fará pequenas concessões em seu orçamento mensal. Mas isso não para por aí. O pecado e o segredo têm apetites vorazes. Antes que você perceba, estará escondendo de seu marido as faturas do cartão de crédito, sendo desonesta em seus relacionamentos e contraindo cada vez mais dívidas. Suas decisões, aparentemente inofensivas, não afetarão apenas você, mas, em última análise, poderão levar à divisão e até chegar a destruir sua família e a paz que você tomou como certa."

Ou talvez você seja tentada a fofocar, de modo que a etiqueta de advertência seria:

> "Você se convencerá de que não há problema em compartilhar, com uma amiga, um detalhe picante sobre outra pessoa, contanto que ao final você diga: '... mas não conte a ninguém!' Sempre que você divulgar algum segredo que não seja seu, você se sentirá mais aceita pelo seu público. Você se sentirá bem em ser a pessoa que tem todas as informações. Mas esse castelo

de cartas cairá rapidamente quando amigos e familiares perderem a confiança em você. Você não será mais conhecida como uma pessoa de integridade ou credibilidade. Relacionamentos se desintegrarão. E as suas palavras uma vez sussurradas a respeito dos outros voltarão para você, quando eventualmente você se tornar a única pessoa sobre quem comentarão."

Tome um segundo para pensar sobre isso. O que diria a etiqueta de advertência de sua vida? Na de minha amiga, estaria escrito algo assim:

"Você pensará que esse relacionamento é uma maneira de aliviar a sua solidão. Você pensará que receberá todas as coisas que merece: sentir-se bela, respeitada, receber atenção e ser apreciada por quem você é tida por especial. Você se julgará uma exceção por achar-se capaz de lidar com um flerte sem cruzar nenhuma linha e sem machucar ninguém. Você pensará que isso é maravilhoso, pois lhe desperta sentimentos efusivos nos lugares mais profundos de seu coração, os quais ficaram frios por muito tempo. Você pensará que os recadinhos afetuosos lhe fazem bem.

Mas é tudo mentira. Você está sendo cegada pelo desejo. Você está surda à verdade. Você está buscando um fruto proibido que parece bom por fora, mas está cheio de navalhas por dentro. Não há como dar uma única mordida sem se cortar. E o pior de tudo é que, mesmo que você esteja sangrando desde a primeira mordida, ficará tão encantada com a sua doçura sedutora que continuará comendo. Você devorará esse pecado sem perceber que ele a está devorando. Acredite em mim: seus sentimentos estão mentindo para você. Isso não impedirá sua decepção. Isso só irá multiplicá-la até uma terrível ruína."

Essas etiquetas de advertência estão em toda a Bíblia. Por exemplo, Tiago 1.13-16,21,22 nos diz:

> Quando alguém for tentado, jamais deverá dizer: "Estou sendo tentado por Deus". Pois Deus não pode ser tentado pelo mal, e a ninguém tenta. Cada um, porém, é tentado pelo próprio mau desejo, sendo por este arrastado e seduzido. Então esse desejo, tendo concebido, dá à luz o pecado, e o pecado, após ter se consumado, gera a morte. Meus amados irmãos, não se deixem enganar. [...] Portanto, livrem-se de toda impureza moral e da maldade que prevalece, e aceitem humildemente a palavra implantada em vocês, a qual é poderosa para salvá-los. Sejam praticantes da palavra, e não apenas ouvintes, enganando-se a si mesmos.

Porém...
... se a minha Bíblia estiver empoeirada
e a minha alma, cauterizada,
a minha consciência será esmagada.

Essas três frases não são uma poesia, apesar de rimarem. Elas são verdades bíblicas!

A tentação só funciona quando o nosso inimigo mantém as consequências escondidas de nós.

O inimigo fica empolgado quando não abrimos nossa Bíblia e ele sabe quando não o fazemos. Ele também sabe como atacar nossos pontos vulneráveis. Mas a verdade lança luz, indica formas saudáveis de processarmos nossas decepções e nos faz ver as coisas boas que Deus pode trazer delas. Se nos lembrarmos disso, poderemos ver com mais clareza as horríveis armadilhas que são as tentações de Satanás.

O inimigo quer que pensemos que a Bíblia é muito complicada para ser entendida e muito difícil de ser vivida. Isso nada mais é do que um plano de *marketing* maligno trabalhado nas profundezas do inferno para vender algo que você não precisa comprar. Sua mente foi feita por Deus; portanto, seu cérebro é perfeitamente capaz de receber o que precisa receber, de ler as etiquetas de advertência que Deus providenciou em Sua Palavra. E, mesmo que seu cérebro não entenda algumas coisas, sua alma é feita por Deus para reagir à verdade. Você não precisa ser um estudioso. É apenas necessário que tenha sido criado por Deus. E você foi. Portanto, pode receber a Palavra de Deus, e ela alcançará todos os propósitos maravilhosos feitos para você.

> *Pois a palavra de Deus é viva e eficaz, e mais afiada que qualquer espada de dois gumes; ela penetra até o ponto de dividir alma e espírito, juntas e medulas, e julga os pensamentos e intenções do coração. Nada, em toda a criação, está oculto aos olhos de Deus. Tudo está descoberto e exposto diante dos olhos daquele a quem havemos de prestar contas. Portanto, visto que temos um grande sumo sacerdote que adentrou os céus, Jesus, o Filho de Deus, apeguemo-nos com toda a firmeza à fé que professamos, pois não temos um sumo sacerdote que não possa compadecer-se das nossas fraquezas, mas sim alguém que, como nós, passou por todo tipo de tentação, porém sem pecado. Assim, aproximemo-nos do trono da graça com toda a confiança, a fim de recebermos misericórdia e encontrarmos graça que nos ajude no momento da necessidade. (Hb 4.12-16)*

Lembre-se, Satanás sabe quão poderosa é a Palavra de Deus, e ele quer nos manter longe dela. Não permita.

ENGANO

Deus é o autor da verdade que nos capacita. Satanás é o autor do engano que nos aprisiona. Uma vez que ele tenha nos isolado e aprisionado, seu plano é nos destruir. Não há liberdade no pecado. Há inicialmente uma rápida empolgação, com faíscas e fogos de artifício, que desaparece rapidamente, dando lugar a uma envolvente escuridão e à percepção de que se está em uma cela de prisão.

Qualquer coisa que não esteja alinhada com a Verdade é mentira. E, onde há mentira, o inimigo está atuando. Quanto mais tempo ele puder manter alguém enganado, mais a carne gritará por prazer, e essa pessoa logo se tornará escrava das versões mais depravadas de seus desejos.

> Esses homens são fontes sem água e névoas impelidas pela tempestade. A escuridão das trevas lhes está reservada, pois eles, com palavras de vaidosa arrogância e provocando os desejos libertinos da carne, seduzem os que estão quase conseguindo fugir daqueles que vivem no erro. Prometendo-lhes liberdade, eles mesmos são escravos da corrupção, pois o homem é escravo daquilo que o domina. (2Pe 2.17-19)

Esses versículos são difíceis. Uma fonte sem água é uma nascente seca que não atinge o seu propósito. Pessoas assim deixaram de ser preenchidas com a água viva de Deus e tornaram-se frias e duras, não cumprindo os propósitos divinos. Em vez de se basearem na Verdade, são movidos por seus sentimentos. Por isso também são como névoas impelidas por uma tempestade. Um pequeno pensamento torna-se um temporal em seu interior, influenciando suas decisões e, eventualmente, afetando todos ao seu redor.

Confusão, engano, justificação e dano ocorrem, pois, ao sermos enganados por nossos desejos, também levamos outros a se perderem no processo. Sempre que estivermos vivendo qualquer tipo de vida dupla, outras pessoas também serão enganadas. Não podemos levar outros a lugares saudáveis quando fazemos escolhas doentias.

Mas, por favor, entenda que esta é uma advertência dramática que tem em vista ajudar, e não envergonhar. Alguns versículos à frente, somos lembrados de que o Senhor não quer que ninguém pereça, mas que todos cheguem ao arrependimento (2Pe 3.9).

Na semana passada, ouvi meu amigo Levi Lusko dizer: "Quando Deus diz 'Não', devemos ler 'Não se machuque'."

Pense nessa voz protetora de Deus ao lermos mais de sua Palavra sobre os perigos de sermos enganados:

> Não se deixem enganar: de Deus não se zomba. Pois o que o homem semear, isso também colherá. Quem semeia para a sua carne, da carne colherá destruição; mas quem semeia para o Espírito, do Espírito colherá a vida eterna. (Gl 6.7,8)

Mas não devemos apenas ler sobre decepções e desejos. Vamos ler, também, sobre o que fazer com os nossos desejos.

Primeiro devemos, de forma sincera, admitir os motivos que impulsionam nossos desejos. Só porque eu quero determinada coisa, não significa que ela seja o melhor para mim. Só porque eu posso fazer algo, não significa que eu deva fazê-lo.

"Eu tenho o direito de fazer o que quiser", você diz – mas nem tudo é conveniente. *"Tudo é permitido", mas nem tudo convém. "Tudo é permitido", mas nem tudo edifica* (1Co 10.23). Se estamos cansados de esperar por Deus, preocupados desejando algo que os outros têm, sofrendo de mágoas não resolvidas e desesperados por algum alívio, corremos o risco de nos enganar e de também cair na armadilha do inimigo. É crucial separar um tempo para *verificar nossos motivos*. Eu me pergunto:

– Isso me tornará mais ou menos parecido com Cristo?

– Isso me ajudará a ficar mais saudável espiritual, emocional e fisicamente?

– Uma pessoa espiritualmente madura achará que essa é uma boa escolha?

Em seguida, devemos saber *o que Deus oferece em vez de desejos doentios*. Antes de conhecermos Cristo, tínhamos desejos que, embora prazerosos no momento, levavam à destruição. Porém, depois que nos tornamos novas criaturas, os desejos de Deus devem se tornar nossos desejos. Aqui estão alguns versículos que falam sobre isso:

> Vocês estavam mortos em suas transgressões e pecados, nos quais costumavam viver, quando seguiam a presente ordem deste mundo e o príncipe do poder do ar, o espírito que agora está atuando nos que vivem na desobediência. Anteriormente, todos nós também vivíamos entre eles, satisfazendo as vontades da nossa carne, seguindo os seus desejos e pensamentos. Como os outros, éramos por natureza merecedores da ira. Todavia, Deus, que é rico em misericórdia, pelo grande amor com que nos amou, deu-nos vida com Cristo, quando ainda estávamos mortos em transgressões – pela graça vocês são salvos (Ef 2.1-5).

> Pois Deus não poupou os anjos que pecaram, mas os lançou no inferno, prendendo-os em abismos tenebrosos a fim de serem reservados para o juízo (2Pe 2.4).

Agora, deixe-me admitir como isso pode ser difícil para nós. Quando nossos desejos humanos são negados, eles gritam para serem satisfeitos da maneira mais fácil e rápida possível. Talvez tenhamos jurado a nós mesmos que não iríamos entrar em outro relacionamento ruim, ou então declaramos que, dessa vez, seguiríamos um plano de alimentação saudável. Ou, quem sabe, prometemos aos nossos queridos que não faríamos mais escolhas destrutivas abusando de substâncias. Porém... a vida continua.

Sentimo-nos solitários e, então, subitamente estamos desesperados para sentir proximidade com alguém, mesmo sabendo que tal pessoa não é adequada para nós. Então... a verdade de Deus não parece tão atraente nesse momento.

Ficamos com muita fome. Os desejos são intensos, de modo que a gratificação imediata de uma grande quantidade de batatas fritas parece justificável. Então... a verdade de Deus não parece tão atraente nesse momento.

Ficamos oprimidos. Ficamos abalados, e nos entorpecer parece muito mais necessário do que manter uma promessa. Então... a verdade de Deus não parece tão atraente nesse momento.

Acredite em mim, eu estou entendendo. Estou vivendo muitas das dificuldades citadas, neste exato momento em que escrevo, tipo "agora mesmo". É por isso que também posso dizer com delicadeza, mas com absoluta certeza, que os desejos obtidos fora do melhor de Deus para nós são soluções vazias que só aumentarão nossa solidão, nosso caos e nossa dor.

Deus não está apontando o dedo para nós. Ele tem um plano melhor. O que todos nós realmente desejamos é mais de Deus; o melhor dEle é a única fonte de satisfação verdadeira. Ele é a única resposta para todos os nossos desejos. Ele tem todas as respostas para todas as nossas decepções e pode direcionar nossos desejos em Seu caminho, em Sua vontade e em Seu tempo. Seu plano para nós é bom e tem surpresas agradáveis. Ele não dá Seus presentes embrulhados em pacotes de confusão, ansiedade, culpa, vergonha. Tiago 1.16,17 nos assegura: *Meus amados irmãos, não se deixem enganar. Toda boa dádiva e todo dom perfeito vêm do alto, descendo do Pai das luzes, que não muda como sombras inconstantes.*

O engano do inimigo é personalizado e artesanalmente preparado para atrair sua atenção, afeição e adoração para longe de Deus, que é o único que verdadeiramente satisfaz os anseios do nosso coração. Satanás se rebelou contra o Criador e ele quer que você faça o mesmo, correndo atrás de desejos que nunca poderão ser satisfeitos. O inimigo quer que você fique mais enamorado com os prazeres das coisas criadas do que com o deleite do próprio Criador.

Lembra-se de Eva, que tomou do fruto para adquirir sabedoria, algo que nunca foi o propósito da árvore oferecer? Em vez de sabedoria, ela recebeu o conhecimento do bem e do mal. E ter esse conhecimento não tornou sua vida melhor, como ela achou que seria. Então, ela teve de carregar o peso do mal que nunca deveria carregar. O fruto que parecia tão doce não a satisfez; em vez disso, sobrecarregou-a com medo, ansiedade e vergonha.

Essas são verdades que poderiam ter ajudado a advertir a minha amiga em sua situação e certamente devem ser sinais de alerta para qualquer coisa que, agora, afaste meu coração do melhor de Deus para mim.

Todos nós temos algo que nos puxa para baixo.

Todos nós.

Ser sincera sobre isso é o primeiro passo para nos afastar do inimigo e nos aproximar de Deus. No momento em que nos sentimos imunes às táticas do inimigo, é quando o orgulho, a autoconfiança e o autoengano aumentam e a Palavra de Deus deixa de nos orientar.

Acredite, o inimigo está tão interessado em aproveitar as suas decepções quanto estava com a minha amiga. O inimigo não tira férias, por isso também não devemos tirar férias de estudar a Palavra de Deus. Nós não queremos ficar nem mesmo algumas horas sem água, muito menos dias ou semanas; da mesma forma devemos ver a água viva de Deus para a nossa alma. Satanás não fica intimidado por quão forte parecemos. O que ele percebe é uma alma sedenta e ressecada. Ele é sorrateiro. Ele é esperto. Ele é sutil em como "desliza" ao nosso lado e mostra "a coisa certa, na hora certa", nos momentos em que inadvertidamente enfraquecemos o suficiente para pensar: *Hummm... isso parece bom... Isso pode realmente me satisfazer!*

Com a minha amiga foi assim... Tudo começou sutilmente. Ela acreditou na mentira de que tudo era apenas uma diversão inocente. Nada além de um flerte. Algumas trocas que a fizeram se sentir especial, única e notada. Ela não se preocupou, pois frequentava os estudos bíblicos toda terça e ia à igreja todos os domingos. Porém, não tinha seus momentos a sós com Deus. As reuniões eram um acessório para reforçar as aparências, e, honestamente, ela absorvia o que os outros compartilhavam para se sentir suficientemente inspirada.

Ela selecionou trechos e partes do que ouviu nos estudos de outras pessoas para tentar se sentir bem. E aqueles versículos que soaram como advertências? Ela os considerou muito duros e indicados para outras pessoas que tinham problemas, mas não para ela.

Ela não via mal algum naquele flerte. Encarava-o como uma compensação pelo que havia tido de decepção com o marido por quinze anos. Ele não era sensível às necessidades dela. Ele não era mais afetuoso. Ele tinha expectativas irreais e a criticava quando ela não atendia às expectativas dele.

Da cozinha, ela o via sentado no escritório. Franzindo o cenho, ela começou a pensar em todas as maneiras em que, segundo ela, ele havia mudado para pior. Ela sugeriu que eles procurassem aconselhamento, e ele recusou, dizendo que não precisavam. Ele então a encorajou a planejar uma viagem para que saíssem e se reconectassem.

Só que os cartões de crédito estavam no limite. Então, ela fechou os olhos e voltou seus pensamentos para outra pessoa. Ele era gentil. Divertido. Galanteador. Extravagante com presentes... e rico.

Não lhe importava que ele fosse gentil, divertido e galanteador também com outras. E para ela não importava que ele fosse casado. Ele lhe disse que ela era especial, e ela escolheu acreditar nele.

Eles eram apenas colegas de trabalho.

Passaram a ser amigos especiais.

Começaram a fazer confidências sobre seus problemas conjugais.

Almoçavam juntos.

Foi uma lenta descida por uma ladeira escorregadia. Uma justificativa após outra se transformou em uma teia de engano. Quando ouvimos as mentiras do inimigo, ficamos inclinados a começar a contar nossas próprias mentiras.

Algumas poucas mensagens por dia se transformam em longas conversas.

O que começou como estímulo emocional tornou-se uma tábua de salvação emocional. Ela ansiava mais. Ele também.

E não demorou muito até que jogassem tudo para o ar.

Tudo parecia tão revitalizador, até que um dia ela o viu de longe no *shopping*, beijando a testa de outra mulher.

Ela ficou chocada. Aquela era a forma especial de eles se despedirem. Setas agudas se cravaram em seu coração. Ela não conseguia segurar as lágrimas. E, quando no dia seguinte ela o confrontou, ele reagiu e fez com que ela se sentisse diminuída e descompensada.

A brincadeira deixou de ser divertida.

Esse pesadelo durou mais de um ano. Ela não conseguia deixá-lo ir. Só que ele não queria se comprometer. E, mesmo que ele concordasse, no fundo ela se sentia confusa e em conflito. Ela pensou que tudo seria como o melhor dos filmes românticos. Mas não se pode construir algo verdadeiro sobre uma pilha de mentiras.

Ela dizia para si mesma repetidamente: "Eu só preciso ser coerente comigo. Devo seguir meu coração. Se me faz sentir bem, então deve ser bom. Pela primeira vez, eu mereço algo de bom. Afinal, Deus quer que eu seja feliz".

Só que Jeremias 17.9 diz claramente que não podemos confiar em nosso coração: *O coração é mais enganoso que qualquer outra coisa e sua doença é incurável.* Cada coisa que nossas emoções nos dizem deve ser conferida pela verdade da Palavra de Deus. Caso contrário, estaremos suscetíveis à maneira como nosso inimigo distorce nossos pensamentos e sentimentos, usando-os para nos enganar.

> Devemos ser coerentes com o nosso coração rendido, tratado e saudável, como Deus idealizou.

O que a minha amiga não percebeu é que ela estava obedecendo ao seu "coração enganoso".

Devemos ser coerentes com o nosso coração rendido, tratado e saudável, como Deus idealizou. Um grande versículo para nos ajudar a entender isso é Salmos 19.14:

> Que as palavras da minha boca e a meditação do meu coração sejam agradáveis a ti, Senhor, minha Rocha e meu Resgatador!

Sim, as palavras da minha boca e a meditação do meu coração devem agradar ao Senhor. E isso só poderá acontecer quando eu alinhar minhas palavras, pensamentos e aspirações com as Escrituras.

Caso contrário, nosso desejo de aliviar a dor de nossas decepções nos levará diretamente às mentiras do inimigo e à sua garra de destruição. Não podemos nos esquecer de que a fome da nossa alma só pode ser satisfeita com doses diárias de verdade, caso contrário estaremos propensos a alimentar nossas decepções.

ACUSAÇÃO

Não importa quão sedutoras sejam, a princípio, as mentiras e quanto pareçam basear-se em um cuidado com você mesmo, lembre-se de que Satanás não quer ser seu amigo. Ele não quer ajudá-la a encontrar a felicidade. Ele quer acusar.

Ele usará toda tentação e engano contra você. Quando pecamos, damos ao diabo um roteiro pessoal para nos fazer sentir desqualificados e incapazes de ser perdoados.

A pior coisa que pode acontecer a Satanás é acreditarmos que Deus nos ama, tem o nosso melhor em mente e perdoa o nosso pecado. Por que essa atitude incomoda e causa temor a Satanás? Por que ele quer que você fique preso no pecado e afundando no engano da areia movediça da acusação? Sabe por quê? Porque ele quer que você mantenha sua boca fechada.

Não é interessante o que diz o texto de Apocalipse 12.10, que Satanás nos acusa diante de Deus dia e noite? Mas o versículo seguinte nos ensina que o inimigo é derrotado pelo sangue do Cordeiro e pela palavra do nosso testemunho. *Eles o venceram pelo sangue do Cordeiro e pela palavra do testemunho que deram* (Ap 12.11).

O inimigo não quer que testemunhemos com nossos lábios. Ou seja, ele não quer que experimentemos liberdade, verdade e redenção. Sejamos nós ou não os causadores de nossa vida ter sido reduzida a pó, Satanás não quer que esse pó chegue às mãos de Deus.

Deus tem um plano para o nosso pó, mas o inimigo também tem. E o plano do inimigo para o nosso pó é que ele não signifique nada, além de destruição e morte. Ele não quer que vejamos o novo começo que Deus oferece, tornando-nos vasos novos.

Ele quer nos tragar. Ele quer consumir o nosso pó, para que nada de bom resulte dele.

Lembre-se do que lemos em Gênesis 3.14: *Então, o Senhor Deus disse à serpente [...] rastejarás sobre o teu ventre e comerás pó todos os dias da tua vida* (ARA).

Esse foi o castigo que Deus lhe deu, mas Satanás é astuto. Ele descobriu uma maneira de usar essa condição como meio para farejar o pó e depois engoli-lo.

Você sabia que, até hoje, deliberada e propositadamente, as cobras comem e lambem o pó? Eu encontrei algumas pesquisas fascinantes que corroboram esse versículo:

> Há um órgão no céu da boca das cobras chamado "órgão de Jacobson". Ele aprimora seu olfato, pois o utiliza como um segundo nariz. Sua língua bifurcada e ritmada faz a coleta dos grãos de poeira, recolhendo-os nas pontas do "garfo", que os leva ao par de órgãos sensoriais correspondentes em sua boca. Uma vez que os tenha "cheirado" dessa maneira, a língua é limpa para

que o processo possa ser repetido imediatamente. Portanto, as serpentes realmente lambem e comem o pó.[3]

Acredito que, assim como as cobras, nosso inimigo espiritual fareja nosso pó e também se alimenta dele.

Ele quer que vejamos apenas destruição, morte e derrota. Ele quer que suas acusações nos ensurdeçam para as promessas da redenção de Deus.

É aí que a amabilidade de sua atração se junta à tentação e à lenta sedução do engano, transformando-se em uma acusação cruel e violenta. Ele nunca teve a intenção de consolar com o prazer ou proteger, dando justificativas. Seu propósito, o tempo todo, foi esmagar com suas acusações.

Aqui está o *roteiro* dele:

- TENTAÇÃO: Você não quer se sentir bem? Tente isso... É incrível.

- ENGANO: Você merece. Você é especial e tem o direito de curtir isso. Ninguém nunca saberá. Será apenas o seu merecido prazer.

- ACUSAÇÃO: Veja, agora, o que você fez. Deus está com vergonha de você. Quando as pessoas descobrirem, elas o humilharão e o chamarão de transgressor, o que você realmente é. Por isso, é melhor você manter segredo. Não foi apenas uma escolha. Você é assim. Você nunca escapará dessa vergonha, nem será curado dessa dor. O melhor que você pode fazer é anestesiar sua dor, e eu tenho algumas sugestões de como fazer isso.

---

[3]WIELAND, Carl. "Snakes Do Eat Dust" [Cobras comem pó], *Creation* 10, nº 4 (setembro de 1988), 38, <https://creation.com/snakes-do-eat-dust>.

É dessa forma que muitos se afastam da redenção de Deus e se aprofundam no ciclo sombrio da tentação, do engano e da acusação.

Se você está passando por isso, considere a esperança apresentada em 1Pedro 1.6,7, que nos ajuda a entender que tudo o que estamos passando – os períodos de destruição e do pó em nossa vida –, quando entregue ao Senhor, pode resultar em uma fé mais genuína e acrescentar louvor, glória e honra a Deus:

> Nisso vocês exultam, ainda que agora, por um pouco de tempo, devam ser entristecidos por todo tipo de provação. Assim acontece para que fique comprovado que a fé que vocês têm, *muito mais valiosa do que o ouro que perece, mesmo que refinado pelo fogo, é genuína* e resultará em louvor, glória e honra, quando Jesus Cristo for revelado (destaques da autora).

Então, os versículos 13-16 nos falam o que fazer quando entendemos o plano de redenção de Deus:

> Portanto, estejam com a mente preparada, prontos para agir; estejam alertas e coloquem toda a esperança na graça que lhes será dada quando Jesus Cristo for revelado. Como filhos obedientes, não se deixem amoldar pelos maus desejos de outrora, quando viviam na ignorância. Mas, assim como é santo aquele que os chamou, sejam santos vocês também em tudo o que fizerem, pois está escrito: "Sejam santos, porque eu sou santo".

Não se deixe intimidar pelo pensamento de ser santo. Deus não espera perfeição. Ele apenas quer que nos rendamos inteiramente ao Seu caminho e à Sua Palavra.

Finalmente, Tiago 5.13-16 nos dá instruções exatas do que devemos fazer quando estivermos com problemas:

Entre vocês há alguém que está sofrendo? Que ele ore. Há alguém que se sente feliz? Que ele cante louvores. Entre vocês há alguém que está doente? Que ele mande chamar os presbíteros da igreja, para que estes orem sobre ele e o unjam com óleo, em nome do Senhor. A oração feita com fé curará o doente; o Senhor o levantará. E se houver cometido pecados, ele será perdoado. Portanto, confessem os seus pecados uns aos outros e orem uns pelos outros para serem curados. A oração de um justo é poderosa e eficaz.

Eu li esses versículos quando minha amiga e eu nos encontramos, e depois oramos. Deixei que todas essas verdades também penetrassem profundamente em minhas profundas decepções. E isso me ajudou a perceber que, se não fosse pela graça de Deus, eu poderia estar exatamente no lugar em que minha amiga estava. Só não entramos em certas situações pecaminosas, que pensamos que nunca experimentaríamos, porque não fizemos certas escolhas desastrosas.

Acho que minha amiga se surpreendeu com o que eu disse depois de estudarmos esses versículos juntas. Eu a olhei com lágrimas nos olhos e disse: "Obrigada. Obrigada por abrir seu coração. Obrigada por me dar motivos para estudar tudo isso de forma intencional. Obrigada por ser corajosa o suficiente para me deixar ver o perigo das decepções nos levarem aos desejos perigosos. Obrigada por me deixar ver o que o inimigo nunca quer que nenhuma de nós veja: as consequências desses desejos nos arrastando para escolhas mortais. Sua história não será em vão. Deus já está usando para o bem o que o inimigo intentou para o mal".

A redenção está aqui. O pó está sendo refeito tanto para mim quanto para você. O inimigo pode ser cruel, mas ele não é vitorioso.

Indo à fonte

> Se a minha Bíblia estiver empoeirada e a minha alma, cauterizada, a minha consciência será esmagada.

Lembre-se

- Desejos perigosos resultantes de nossas decepções não resolvidas são a prévia de uma queda.
- O inimigo quer tentar, enganar e acusar.
- A tentação só funciona quando o nosso inimigo mantém as consequências escondidas de nós.
- A verdade lança luz sobre as trevas e nos ajuda a ver a terrível armadilha para a qual Satanás está nos atraindo.
- Sua alma é feita por Deus para reagir à verdade.
- Deus é o autor da verdade que nos capacita. Satanás é o autor do engano que nos aprisiona.
- O engano do inimigo é personalizado e artesanalmente preparado para atrair sua atenção, afeição e adoração para longe de Deus.
- Devemos ser coerentes com o nosso coração rendido, tratado e saudável, como Deus idealizou.
- Deus não espera perfeição. Ele apenas quer que nos rendamos inteiramente ao Seu caminho e à Sua Palavra.
- Não podemos nos esquecer de que a fome da nossa alma só pode ser satisfeita com doses diárias de verdade, caso contrário estaremos propensos a alimentar nossas decepções.
- Sua história não será em vão.

Receba

Portanto, estejam com a mente preparada, prontos para agir; estejam alertas e coloquem toda a esperança na graça que lhes será dada quando Jesus Cristo for revelado. Como filhos obedientes, não se deixem amoldar pelos maus desejos de outrora, quando viviam na ignorância. Mas, assim como é santo aquele que os chamou, sejam santos vocês também em tudo o que fizerem, pois está escrito: "Sejam santos, porque eu sou santo". (1Pe 1.13-16)

Leia também:

- Gênesis 3.14
- Salmos 18.30-32; 19.14
- Jeremias 17.9
- João 10.10
- 1Coríntios 10.23
- Gálatas 6.7,8
- Efésios 2.1-5
- Hebreus 4.12-16
- Tiago 1.13-17,21,22; 5.13-16
- 1Pedro 1.6,7
- Apocalipse 12.10,11

Reflita

- Se suas tentações tivessem etiquetas de advertência, o que elas diriam?
- De que maneiras, aparentemente insignificantes, você está permitindo que o inimigo entre em suas decepções?
- Considere as três maneiras pelas quais o inimigo nos persegue. Alguma dessas surpreendeu você?

Em que áreas você precisa estar mais alerta às artimanhas do diabo?

Oração

Pai,

Eu não quero ser alguém a quem o inimigo possa facilmente isolar ou intimidar. Não quero ser uma pessoa facilmente influenciada pelas mentiras e seduzida pelos planos astutos do nosso opositor. Eu quero viver livre de seus envolvimentos. É por isso, Pai, que sou muito grata pelo incrível dom da sua Palavra. Guie-me e ensine-me todos os dias quando eu me sentar para ler a sua Verdade. Prepare meu coração e minha mente para a batalha, iluminando-me e fortalecendo-me; convencendo-me e consolando-me; clareando as estratégias do inimigo e me dando a força necessária para permanecer firme. Reconheço hoje que, embora o inimigo seja perverso, ele não terá vitória em minha vida. E isso acontecerá porque tenho o Senhor e suas verdades trabalhando poderosamente em meu coração e em minha mente.

Em nome de Jesus. Amém.

CAPÍTULO DEZ

Palavras de reafirmação

Às vezes, sou bem estranha! Especialmente quando sou pega completamente desprevenida e não consigo entender o que está acontecendo. Uma das definições possíveis no dicionário para isso é "insegura".

Sim. É bem isso!

Preciso da segurança de a minha vida estar alinhada com o que eu pensei que seria. Só que a minha vida é altamente imprevisível. E, então, fico frequentemente confusa e incapaz de interagir imediatamente com outras pessoas de qualquer outra forma que não seja estranha.

Não é que eu queira ser assim; é que aprecio a sensação calma da *normalidade*. Eu gosto de ter um plano. Gosto que o plano funcione. Gosto que todos os envolvidos sigam o plano. Eu quero que as pessoas ao meu redor fiquem dentro dos limites de segurança e previsibilidade. Não quero experimentar nenhum desvio inesperado do plano, nunca.

Lá vem a sonhadora.

Lá vem a decepção.

Lá vem a minha reação estranha à decepção.

Por exemplo, no ano passado tive que fazer uma colonoscopia. Sem entrar em muitos detalhes, trata-se de um exame em que um tubo com uma pequena câmera é introduzido no intestino grosso. Reconheço que até mesmo essa descrição é estranha, mas a experiência é mais ainda. Especialmente se seu nome for Lysa TerKeurst.

Eu pensei que sabia como seria. Mas a minha expectativa não correspondeu à experiência, e fui surpreendida por toda aquela situação. Primeiro, você tem de ficar em jejum por um dia inteiro. Como?!

Sim... Depois você tem de beber alguns líquidos com gosto horrível, que basicamente lavam todo o seu "encanamento". Asqueroso...

Então, mesmo antes do procedimento, eu pensava: *Não... só pode ser brincadeira!*

Quando tudo está preparado, você é sedado para fazer o procedimento – finalmente, graças a Deus. Porém, em ocasiões muito raras, o medo, o metabolismo do paciente, o desejo absoluto de estar no controle ou então algo ainda mais maluco faz com que o corpo do paciente vença a anestesia e ele acorde durante o procedimento. Não vamos psicanalisar tudo isso, mas eu sou uma dessas pessoas.

Eu acordei.

É claro que não me lembro de nada, e só fiquei sabendo que tinha acordado no meio do procedimento quando meu médico me disse, no dia seguinte. Essa conversa foi muito cômica. Meu rosto se tingiu com todos os tons de vermelho e, aos poucos, fui percebendo que o médico tinha agora uma nova história para contar sempre que alguém lhe fizesse uma pergunta como: "Qual foi um dos seus casos mais esdrúxulos e engraçados?"

Pelo que ele contou, eu levantei a minha mão e disse: "Com licença, desculpe-me, mas isso não está dando certo. Estou com um pouco de dor, de incômodo, e vou embora".

Então, pulei da mesa, agarrei o ar como se pegasse minha bolsa e disse: "Tchau".

Eu não posso nem imaginar. Como é que é?! Por favor, diga que eu não fiz isso!

O médico continuou a contar calmamente: "Então, eu lhe disse: 'Lysa, acho que você prefere que eu retire esse tubo de você antes de ir. Então, vamos colocá-la novamente na mesa por alguns minutos'".

Quando, no dia seguinte, o médico contou o que tinha acontecido, ele fez uma pausa nesse ponto. Ele sabia que não deveria rir; então, mordeu os lábios com força até conseguir continuar. "Eu nunca tinha tido antes nenhum paciente que pulasse da mesa. Nunca!"

Até que aconteceu... E foi comigo.

Como eu disse, não gosto de ser pega desprevenida. E suponho que o medo esteja tão entranhado no meu ser que até mesmo o meu eu subconsciente acaba reagindo a situações inesperadas.

Você pode até ter pensado nisso enquanto progredimos neste livro. Nos capítulos anteriores, entende-se que Art e eu não estamos juntos. Na época em que escrevi aqueles capítulos, não estávamos mesmo. Nós não estávamos juntos até agora, mas então você lê que ele está segurando a minha mão e me ajudando a lutar contra o câncer. Daí você lê que não há garantias de como estaremos no momento em que este livro for publicado.

Eu estou em um longo período de vida, em que ela não se parece com o que eu pensei que seria. Desejo ardentemente que logo possamos resolver essa situação. Eu quero minha família de volta. Mas há coisas que precisam mudar para que possamos voltar a viver juntos de maneira saudável. Essas coisas levam tempo, e todos temos que fazer escolhas com esse objetivo.

Tudo é tão imprevisível. E, às vezes, até estranho.

E eu suspeito que você sinta o mesmo em algumas circunstâncias de sua vida. Seus problemas podem ser diferentes, mas esse "fator desconhecido" torna as coisas um pouco estranhas para você também.

Talvez você esteja em um trabalho em que se sinta inseguro e pense que Deus o está conduzindo para outro lugar, mas Ele ainda não revelou o que virá a seguir. Então, por enquanto, você simplesmente vai para o trabalho todos os dias. É estranho.

Ou talvez seu filho tenha um professor este ano que não seja adequado para ele. Você falou com o professor e nada mudou. Você conversou com a escola e nada mudou. Você se sente cansado e indefeso, preso a uma situação que está constantemente pegando você e seu filho desprevenidos.

Ou talvez você tenha visto todas as suas amigas encontrarem o amor, se casarem e começarem uma vida como a que sonhou para você. Então, há alguns meses, você conheceu alguém que era tudo que você sempre quis. Vocês começaram um relacionamento. Você disse a suas amigas que achava que esse era "o cara". E então, nesta semana, você sentiu aquela pessoa se afastar. É difícil de entender. Você entra em pânico. E, quanto mais você pressiona, mais distância se forma entre vocês dois.

Existem milhares de cenários que evocam esses sentimentos de incerteza, medo e exaustão quando a vida não está sendo o que você pensou que seria.

Seja qual for a sua situação, você provavelmente sente que, além de não poder mudá-la, ainda precisa viver na realidade do momento presente. Às vezes, temos de andar lado a lado com as incertezas.

O Senhor deixa claro em sua Palavra que nem tudo será como gostaríamos nesta vida entre dois jardins:

> *No mundo vocês terão muitos sofrimentos e tristezas.* (Jo 16.33, NBV)
>
> *Para cada dia bastam as suas próprias dificuldades.* (Mt 6.34, NTLH)
>
> *Meus queridos amigos, não fiquem admirados com a dura prova de aflição pela qual vocês estão passando, como se alguma coisa fora do comum estivesse acontecendo a vocês.* (1Pe 4.12, NTLH)

Enfrentar todos esses problemas é exaustivo. Andar na incerteza é assustador.

É aí onde estou.

Então, nos cansamos e sentimos como se os tentáculos do medo do desconhecido nos estrangulassem.

O medo parece ser parente próximo da decepção. Eles certamente se relacionam, porque os sentimos muito profundamente; eles nos paralisam com muita facilidade, e as respostas fáceis que tantos cristãos oferecem são enganosas. Estamos ansiosos para tornar as coisas mais fáceis do que realmente são.

Eu compreendo.

Mas nesta vida entre dois jardins não é assim que a maioria das coisas funciona. Nós passamos seguidamente por uma decepção após outra.

Passamos pela preparação da colonoscopia, mas depois descobrimos que saltamos da mesa no meio do procedimento.

Onde esse trem descontrolado vai parar? "Por favor, pare o mundo que eu quero descer!" Todos nós continuamos pensando que, se pudermos apenas atravessar essa circunstância, então a vida se acalmará, e finalmente as palavras "Felizes para sempre" irão rolar na tela, tendo ao fundo a gloriosa cena do beijo ao pôr do sol.

Mas... e se uma vida estabilizada e sem decepções se tornasse a pior coisa que poderia acontecer a você?

E se as suas incertezas forem algo positivo, e não negativo? E se as suas incertezas estiverem ajudando você a deixar de lado outras coisas que você não deveria saber, porque conhecê-las seria um fardo pesado demais? Tenho uma coisa a lhe dizer aqui: o Senhor que você conhece é perfeitamente capaz de ajudá-lo a suportar tudo isso.

Você se recorda daqueles versículos que acabamos de ler sobre problemas e dificuldades?

Aqui estão eles, novamente, no contexto completo:

> *Eu falei tudo isso para que tenham paz em mim. No mundo vocês terão muitos sofrimentos e tristezas; mas, tenham bom ânimo, porque eu venci o mundo* (Jo 16.33, NBV, destaques da autora).
>
> *Portanto, ponham em primeiro lugar na sua vida o Reino de Deus e aquilo que Deus quer, e ele lhes dará todas essas coisas. Por isso, não fiquem preocupados com o dia de amanhã, pois o dia de amanhã trará as suas próprias preocupações. Para cada dia bastam as suas próprias dificuldades* (Mt 6.33,34, NTLH, destaques da autora).
>
> *Meus queridos amigos, não fiquem admirados com a dura prova de aflição pela qual vocês estão passando, como se alguma coisa fora do comum estivesse acontecendo a vocês. Pelo contrário, alegrem-se por estarem* tomando parte *nos sofrimentos de Cristo, para que fiquem cheios de alegria quando a glória dele for revelada* (1Pe 4.12,13, NTLH, destaques da autora).

O detalhe crucial para termos paz no meio do que enfrentamos é ficar perto do Senhor. Destaque estas palavras nas passagens anteriores:

- *em mim*
- *ponham em primeiro lugar na sua vida o Reino de Deus*
- *tomando parte*

Buscamos conforto nas fases de incerteza da vida. Mas conforto não é uma solução a ser procurada; é um subproduto que colhemos quando permanecemos perto do Senhor.

E se o conforto e as certezas que ansiamos forem uma receita mortal para a acomodação que nos levará cada vez para mais longe de Deus? Existem muitos exemplos disso na Bíblia. Vejamos um deles, narrado em Jeremias:

> Moabe tem estado tranquila desde a sua juventude, como o vinho deixado com os seus resíduos; não foi mudada de vasilha em vasilha. Nunca foi para o exílio; por isso, o seu sabor permanece o mesmo e o seu cheiro não mudou (Jr 48.11).

Na superfície, pode parecer que a nação de Moabe está bem. Seus habitantes estão confortáveis. A vida parece previsível. Eles estão em paz já por muito tempo.
Eles não foram levados para o exílio.
Eles não sabem como é ser pego de surpresa, não sabem o que é sofrer, nem suportar dificuldades por causa das circunstâncias além do seu controle. A vida parece boa; então, deve ser boa. Sem decepções. Sem dificuldades.

Mas esse versículo deixa claro que isso não é o melhor para eles. O vinho deixado com seus sedimentos, não transferido de um frasco para outro, significa que ficou descansando confortavelmente por tanto tempo que absorveu o aroma da acomodação. Enólogos da época de Jeremias transferiam o vinho de um jarro para outro, por dois motivos. Primeiro, o vinho não absorvia o sabor do recipiente. E, segundo esse processo, eliminava do vinho os sedimentos que se depositavam no fundo e impediam que ele ficasse puro.

> Conforto não é uma solução a ser procurada; é um subproduto que colhemos quando permanecemos perto do Senhor.

Os moabitas não foram abalados de sua acomodação. Portanto, sua cultura estava saturada de satisfação longe do Senhor, e seu povo estava cheio de impurezas. Eles não precisavam recorrer à força do Senhor, de modo que o coração deles estava distante dEle.

Os moabitas foram levados a uma falsa sensação de segurança. Sem desafios e mudanças, as pessoas tendem a ficar cada vez mais distantes de Deus e resistentes aos Seus métodos.

Geograficamente, os moabitas viviam em um lugar que escapou da invasão dos sírios e babilônios quando estes vieram destruir Israel. Os moabitas não foram atingidos. Por esse motivo, eles poderiam se acomodar complacentemente, enquanto seus vizinhos, os israelitas, eram forçados a depender de Deus e aprender a sobreviver ao sofrimento, ao cativeiro e à escravidão. Parecia que os israelitas eram os que não tinham sido "salvos" por Deus das dificuldades. Mas, se olharmos da perspectiva do que é melhor a longo prazo, Israel estava sendo fortalecido por Deus para o seu próprio bem.

Acomodar-se pode parecer confortável no momento, mas a longo prazo nós, como os moabitas, podemos sofrer mais se Deus não trabalhar conosco por um longo tempo.

Não se engane: ser induzido a uma falsa sensação de segurança é pior do que passar pelo processo do sofrimento.

Teria sido melhor para os moabitas passar pela mesma experiência dos israelitas: ser jogados de um jarro para outro e experimentar sofrimento em doses que os tornassem suficientemente fortes para lidar com o sofrimento em doses ainda maiores.

É como fazer uma colonoscopia só para ter certeza de detectar algo errado em seus estágios iniciais enquanto o tratamento é possível, ou tomar vacinas antes de partir para uma viagem missionária a um país onde certas doenças são um risco cotidiano. É muito melhor receber uma pequena dose da doença mortal para ajudá-la a desenvolver sua imunidade do que se expor e correr o risco de não ter a imunidade necessária para combatê-la.

Devemos provar o sofrimento de hoje, para não termos de nos afogar nas ruínas de amanhã.

Assim como temos de sair do sofá e nos dedicar aos exercícios físicos se quisermos ganhar força física, temos de ser imersos em circunstâncias que resultem em transformação se quisermos ganhar força espiritual. Em meio a nossas decepções e dificuldades, devemos procurar ser transformados para pensar biblicamente, trabalhar instintivamente com a verdade e confiar implicitamente em Deus.

Como se faz com o vinho, devemos nos livrar dos resíduos – fraqueza, medo, acomodação e a resignação sem esperança de que a vida toda é injusta e que Deus é injusto. Repousar sobre esses sedimentos nos levará a absorver cada vez mais o modo de pensar do mundo. Pensar como o mundo leva à morte – morte da esperança, morte da paz, morte da alegria. Mas pensar como Cristo é ter um novo sopro de vida dentro de nós e sua paz irradiando.

> *Quem vive segundo a carne tem a mente voltada para o que a carne deseja; mas quem vive de acordo com o Espírito, tem a mente voltada para o que o Espírito deseja. A mentalidade da carne é morte, mas a mentalidade do Espírito é vida e paz. (Rm 8.5,6)*

Ser despejado em odres novos pode parecer desconfortável, caótico e completamente injusto no momento, mas é nossa única esperança de ver o que Deus quer que vejamos e confiar nEle durante o processo. Foi o que Jesus fez. Esse foi o modelo que Ele deixou. Para ser como Jesus, devemos nos tornar cada vez mais imersos nEle e cada vez menos imersos em nossa maneira humana de lidar com as circunstâncias.

Não devemos ficar muito tempo sem ser trabalhados por Deus.

Se quisermos conhecer a vontade de Deus, a perspectiva de Deus e o bem que Ele tem reservado para nós, então não devemos nos amoldar ao modo do mundo lidar com a vida, mas ser transformados pela Palavra de Deus e pelo modo de Deus: *Não se amoldem ao padrão deste mundo, mas transformem-se pela renovação da sua mente, para que sejam capazes de experimentar e comprovar a boa, agradável e perfeita vontade de Deus (Rm 12.2).*

Quando pedimos a força de Deus, a paz, a coragem e a capacidade de superar e corrigir os erros, Deus nos coloca em circunstâncias que Ele sabe que nos infundirão as mesmas coisas que pedimos para Ele nos dar. É bom desejarmos essas qualidades de maturidade. E Deus aprecia dá-las. Adquirir essas qualidades geralmente não parece bom durante o processo, mas virá a ser, a seu tempo.

Então, o que aconteceu aos moabitas?

Os versículos seguintes descrevem seu destino final:

> *Ouvimos falar da arrogante Moabe, de seu orgulho, sua altivez e sua fúria, mas toda essa soberba desapareceu. Toda a terra de Moabe chora, sim, todos em Moabe lamentam ao lembrar dos bolos de passas de Quir-Haresete; não resta um sequer. [...] Encerrou-se a alegria, acabou-se a celebração pela colheita. Já não haverá cânticos nos vinhedos, nem gritos de exultação, ninguém pisará as uvas nos tanques de prensar; acabei com toda a alegria de suas colheitas (Is 16.6,7,10, NVT).*

E os israelitas? Estavam longe de ser perfeitos. Mas eles passaram os tempos difíceis perto de Deus. Suas decepções tornaram-se designações divinas. Porque, quando eles estavam carentes de Deus, permaneceram com Deus. E esses eram os momentos em que desfrutavam de grande bênção, alegria e paz.

Isaías 43.1-5 (NBV AMP) nos dá um vislumbre jubiloso de Deus redimindo o seu povo. Nesse período, eles não foram esquecidos por Deus. Ele os segurou, os ajudou e os libertou. E Ele fará o mesmo por nós!

> *Mas agora, Israel, o S*ENHOR *que o criou e formou diz: "Não fique com medo! Eu mesmo comprei a sua liberdade. Eu o chamei pelo nome; você é meu!*
>
> *Quando você passar por águas profundas, eu estarei ao seu lado; quando tiver de atravessar grandes rios, eles não o encobrirão; quando tiver de passar pelo fogo, não se queimará. As chamas não farão mal a você.*

> *Porque eu sou o* Senhor, *o seu Deus, o Santo de Israel, o seu Salvador. Para você receber sua liberdade, eu entreguei o Egito [aos babilônios], a Etiópia e Sebá [sua província] como resgate.*
>
> *Outras pessoas perderam suas vidas em seu lugar, e nações em troca da sua vida. Isso porque para mim você é muito precioso e honrado à minha vista, e porque eu o amo.*
>
> *Não tenha medo, porque eu estou ao seu lado.*

Toda vez que enfrentarmos qualquer situação que nos leve a clamar a Deus, digamos que esse tempo difícil será sagrado, um tempo de proximidade com Deus.

E, se as pessoas que você ama estiverem passando por momentos difíceis, sugiro que você faça a mesma coisa por elas. Esse tempo de provação será sagrado! Será um tempo de se aproximar de Deus!

Essas decepções que todos nós passamos são, na verdade, parte do plano divino para vermos Deus fazer coisas novas em nossa vida. Tirando-nos dos antigos jarros de vinho, que mantiveram nosso pensamento estagnado, e nos transportando para novos jarros de mente transformada pela perspectiva de Cristo.

Isaías 43.18,19 diz: *Esqueçam o que se foi; não vivam no passado. Vejam, estou fazendo uma coisa nova! Ela já está surgindo! Vocês não a reconhecem? Até no deserto vou abrir um caminho e riachos no ermo.*

Nós não fomos feitas para habitar no passado, mas para permanecer – mergulhar e sermos encharcadas – com Cristo no presente.

E aqui está o mais incrível. Como fui despejada de um jarro para outro, de uma dificuldade para outra, de uma decepção para outra, finalmente percebi quais eram os rejeitos e por que era tão crucial me livrar deles. São as mesmas coisas que me incomodam e me deprimem– uma percepção errada sobre aquilo que estou passando.

Se tivermos uma percepção errada de Deus, certamente teremos uma compreensão errada de nossas circunstâncias.

Mas, quando vemos que o propósito de Deus é bom, podemos confiar que o seu processo também é bom.

Uma vez que já fomos despejados em outro jarro, e purificados, outras situações que surgirem não nos incomodarão tanto quanto antes. As decepções também não irão nos machucar tanto como costumavam fazer. As dores não serão tão profundas como costumavam ser. O desânimo não será tão debilitante, e não sairemos tanto dos trilhos como antes.

Não seremos tantas vezes pegos de surpresa quando confiamos que Deus está de guarda, procurando nos fortalecer para o que sabe que virá. *Pedimos a Deus que vocês se tornem fortes com toda a força que vem do glorioso poder dele, para que possam suportar tudo com paciência* (Cl 1.11, NTLH).

Então, quando a próxima circunstância difícil vier, perceberemos que ela, neste ano, não nos afeta tanto quanto no ano anterior. Estamos sendo transformados. Nossos pensamentos estão sendo reorganizados. E vamos agradecer a Deus por Ele não nos ter deixado permanecer estacionados.

ENTÃO, DE VOLTA À MINHA COLONOSCOPIA... Nenhuma parte desse procedimento é divertida. Mas ajuda os médicos a ver o que precisam ver, para saber o que precisam saber e, portanto, fazer o que precisam fazer. Não é para nos fazer sofrer; é para nos manter saudáveis e possivelmente salvar nossa vida.

Os médicos sabem de coisas que não sabemos. E, em um nível ainda mais vital, o mesmo acontece com Deus.

Não quero terminar este capítulo sem equipar você com alguns versículos bíblicos poderosos para que você possa declarar que confia em Deus em tudo que está enfrentando e ainda enfrentará. Salmos 145.18 (ARC) nos assegura: *Perto está o Senhor de todos os que o invocam, de todos os que o invocam em verdade.*

Essa parte da *verdade* é crucial! Quando exaltamos a verdade de Deus, diminuímos as mentiras do inimigo. E, ao pesquisar mais sobre quais partes de nós são mais vulneráveis a serem controladas por essas mentiras, criei a lista a seguir. O inimigo tenta se firmar em:

- Afeto – meu coração, o que eu amo
- Adoração – minha boca, o que eu adoro
- Atenção – minha mente, no que eu me concentro
- Atração – meus olhos, o que eu desejo
- Ambição – meu chamado, no que eu invisto meu tempo
- Ação – minhas escolhas, como eu permaneço firme

Então, no final deste capítulo, quero equipar você com textos bíblicos para cada uma dessas áreas.

Minha amiga Ellie Holcomb chama de "palavras de reafirmação" o recitar de textos para cada situação de vulnerabilidade que enfrentamos. Ela tem um cântico incrível com esse título, que declara:

> Enfrente as mentiras com a verdade, oh-oh.
> Mantenha os olhos fixos no Senhor.
> Cantarei a verdade na escuridão.
> Usarei palavras de reafirmação.

Não é apenas uma ótima canção. Usar a verdade de Deus como suas palavras de reafirmação não mudará *o que* você vê, mas mudará completamente *como* você vê.

Eu tive de fazer isso há apenas alguns dias.

Quando voltava para casa depois de receber uma segunda opinião sobre meu diagnóstico de câncer, vi uma pessoa chorando no avião. Ela nem tentou enxugar os rios de lágrimas no seu rosto. Era como se o coração dela estivesse tão sobrecarregado que transbordasse de seus olhos, descendo pelo rosto e se espalhando pelo colo.

Não precisei perguntar o que estava errado.

Eu sabia.

Eu estava olhando para o meu próprio reflexo na janela do avião.

Ela era eu.

Era eu indo para o lugar onde as lágrimas nunca param. Elas formam um rio e ameaçam nos afogar no desespero. Mas, como Lamentações 3.21-23 (ARA) nos lembra, devemos trazer esperança recordando a verdade:

> Quero trazer à memória o que me pode dar esperança.
> As misericórdias do Senhor são a causa de não sermos consumidos, porque as suas misericórdias não têm fim; renovam-se cada manhã. Grande é a tua fidelidade.

Eu precisava trazer à memória e pronunciar palavras de reafirmação e esperança. Porque naquele momento eu não estava muito feliz de estar sendo "despejada" em mais uma dura decepção. Mas eu sabia que, se começasse a me lembrar da verdade, minha perspectiva mudaria e minhas lágrimas secariam. Pelo menos por alguns minutos. Pelo menos o suficiente para eu não ter que assoar meu nariz perto das pessoas ao meu redor. Eu não queria que os outros tivessem mais uma história para contar a meu respeito. A narrativa do médico da colonoscopia já tinha sido suficiente – e, como as palavras de despedida dos desenhos da Looney Tunes, *Thats's all, folks* [Acabou, pessoal!].

Então vamos lá... seguem algumas palavras de reafirmação e esperança para quando você estiver sendo despejada de um jarro em outro, for pega de surpresa ou simplesmente estiver esgotada por um "excesso de viagens no tresloucado trem das duras decepções".

"Usar a **VERDADE** de Deus como suas palavras de reafirmação não mudará o que você vê, mas mudará completamente como você vê."

Quando você estiver vivendo em meio às incertezas, o Espírito Santo lhe dará a conhecer as coisas que o Pai sabe que lhe ajudarão.

> *Tenho ainda muito que lhes dizer, mas vocês não o podem suportar agora. Mas quando o Espírito da verdade vier, ele os guiará a toda a verdade. Não falará de si mesmo; falará apenas o que ouvir, e lhes anunciará o que está por vir. Ele me glorificará, porque receberá do que é meu e o tornará conhecido a vocês. Tudo o que pertence ao Pai é meu. Por isso eu disse que o Espírito receberá do que é meu e o tornará conhecido a vocês. (Jo 16.12-15)*

PALAVRAS DE REAFIRMAÇÃO

AFETO – meu coração, o que eu amo

Eu amo o meu Senhor e sei que Ele me ama. Eu sei que Ele me resgatará da situação que estou atravessando. Ele me protegerá, porque conheço o Seu nome. Posso ter certeza de que, quando eu O invocar, Ele me responderá. Quando Satanás tentar me isolar, vou me lembrar de que, com o Senhor, nunca estou só. Ele promete que estará comigo, me livrará e me honrará durante as minhas fases mais difíceis. Então, me apego a essas promessas agora mesmo e acredito nelas por toda a minha vida.

> *Porque ele me ama, eu o resgatarei;*
> *eu o protegerei, pois conhece o meu nome.*
> *Ele clamará a mim, e eu lhe darei resposta,*
> *e na adversidade estarei com ele;*
> *vou livrá-lo e cobri-lo de honra. (Sl 91.14,15)*

O Senhor me deu um coração para conhecê-Lo e para que eu proclame que Ele é o Senhor. Neste momento, estou direcionando todo o meu coração e meus sentimentos para viver alinhada com essas verdades. Eu sou dEle, e Ele é o meu Deus, o

Senhor sobre tudo e todos. Ele é Senhor sobre todas as minhas decepções, sobre as minhas dores e incertezas. Com essa segurança enraizada em meu coração, posso seguir em frente e saber que Ele me ampara.

> *Eu lhes darei um coração capaz de conhecer-me*
> *e de saber que eu sou o S<small>ENHOR</small>.*
> *Serão o meu povo, e eu serei o seu Deus,*
> *pois eles se voltarão para mim de todo o coração.* (Jr 24.7)

Quero deixar firmado que não temerei más notícias ou dificuldades que surjam em minha vida. Elas não têm nenhum controle sobre o meu coração ou sobre o meu relacionamento com Jesus. Em vez disso, vou me apegar à Verdade de Deus, que nunca muda com as notícias que recebo. A Verdade é o fundamento sobre o qual construí a minha vida! Sim, meu coração pertence ao Senhor e eu confio plenamente nEle, mesmo quando meus sentimentos me imploram para questionar Sua bondade. Os sentimentos não têm a palavra final; quem a tem é a Verdade!

> *Não temerá más notícias;*
> *seu coração está firme, confiante no S<small>ENHOR</small>.* (Sl 112.7)

ADORAÇÃO – minha boca, o que eu adoro

Meu maior desejo é que as palavras da minha boca e a meditação do meu coração sejam agradáveis ao Senhor, para representar as coisas que Ele está fazendo em mim, para mim e por meu intermédio. Não quero que minhas palavras ou meus pensamentos estejam alinhados com o inimigo. Então, eu entrego todo o meu pensamento e todas as palavras ditas a Jesus, que pode redimi-los e ser o verdadeiro centro da minha adoração. Nada jamais ocupará um lugar mais alto em minha vida que o Senhor – minha Rocha e meu Redentor.

> *Que as palavras da minha boca e a meditação do meu coração sejam agradáveis a ti,*
> Senhor, *minha Rocha e meu Resgatador!* (Sl 19.14)

Meu período de sofrimento já se estende por muitas horas, dias, meses e anos. Às vezes, parece insuportável. E, então, eu me lembro de que Deus Se importa tanto comigo que me deu Suas palavras de sabedoria para me guiar através desses momentos de decepção. A verdade bíblica me diz que posso orar! Então, levo minhas emoções cruas e lutas sinceras Àquele que conhece os detalhes mais íntimos da minha situação. E, quando estou alegre, a verdade me diz para cantar louvores! Então, eu levanto a minha voz em todo o tempo para adorar o meu Deus, pois Ele tem sido bom para mim.

> *Entre vocês há alguém que está sofrendo? Que ele ore. Há alguém que se sente feliz? Que ele cante louvores.* (Tg 5.13)

Adorarei o Senhor com todo o meu coração para aumentar meu amor por Ele e diminuir qualquer afeição que eu tenha por ídolos em minha vida. Somente o Senhor é fiel e digno do meu louvor. Ele me mostrou amor incondicional e me fortaleceu em Seu nome! As mentiras e tentações de Satanás para eu adorar outras coisas não são páreo para o amor que recebi do Senhor. Escolho exaltar o Senhor e cantar sobre os Seus caminhos pelo resto dos meus dias. Ele me salvou com Sua mão direita, e eu o glorificarei em tudo o que eu disser ou fizer.

> *Eu te louvarei,* Senhor, *de todo o coração;*
> *diante dos deuses cantarei louvores a ti.*
> *Voltado para o teu santo templo eu me prostrarei*
> *e renderei graças ao teu nome,*
> *por causa do teu amor e da tua fidelidade;*
> *pois exaltaste acima de todas as coisas*

> o teu nome e a tua palavra.
> Quando clamei, tu me respondeste;
> deste-me força e coragem. [...]
> Ainda que eu passe por angústias,
> tu me preservas a vida da ira dos meus inimigos;
> estendes a tua mão direita e me livras. (Sl 138.1-3,7)

ATENÇÃO – minha mente, no que eu me concentro

A vida pode estar como um redemoinho ao meu redor, ameaçando roubar minha esperança, minha paz, minha alegria. Mas eu decido agora *não* ser arrastada para uma tempestade de medo e emoções descontroladas. O Senhor prometeu me manter em perfeita paz quando eu fixasse minha mente nele. Eu entendo que nos dirigimos para onde estivermos olhando. Então, vou direcionar minha atenção no que eu estou me concentrando. Se eu continuar olhando para as coisas erradas, irei para direções erradas. Neste exato momento, estou escolhendo colocar minha atenção no Senhor. Estou escolhendo me concentrar em confiar nEle e crer em Suas promessas. E, à medida que aumento minha atenção nEle, Sua paz virá e inundará meu coração e acalmará minha mente ansiosa.

> Tu, Senhor, *guardarás em perfeita paz*
> *aquele cujo propósito está firme,*
> *porque em ti confia.* (Is 26.3)

Meu inimigo, o diabo, está agora mesmo me rondando, rugindo e querendo me devorar. Ele é cruel, mas não será vitorioso em minha vida. Não serei uma de suas vítimas nem terei medo. Em vez disso, serei uma mulher desperta e alerta. Uma mulher que – com a ajuda de Deus – pensa com clareza, escolhe sabiamente e vive de acordo com os Seus caminhos. Por Sua Palavra, o Senhor está me tornando mais sábia que meu inimigo. E eu sei que meu Deus está me mantendo segura hoje.

> Estejam alertas e vigiem. O Diabo, o inimigo de vocês, anda ao redor como leão, rugindo e procurando a quem possa devorar. (1Pe 5.8)

Eu sei que aquilo que consome minha mente controla minha vida. E quero hoje afirmar que não serei uma mulher controlada pelas mentiras do inimigo ou por minhas próprias dúvidas e medos. Sou uma mulher que escolhe ouvir a sabedoria de Deus e sintonizar os ouvidos em sua Palavra. Onde o inimigo quer roubar meu foco e inundar meu coração com medo, eu propositadamente escolho não escutá-lo. A voz de Deus, expressa claramente por meio de Sua Palavra, é a que estou ouvindo hoje. Ele me ajudará a fazer bons julgamentos. Ele me dará a habilidade de falar com sabedoria e conhecimento. Ele me guiará e orientará em tudo que eu disser e fizer, não importa o que venha à frente.

> Meu filho, dê atenção à minha sabedoria,
> incline os ouvidos para perceber o meu discernimento.
> Assim você manterá o bom senso,
> e os seus lábios guardarão o conhecimento. (Pv 5.1,2)

ATRAÇÃO – meus olhos, o que eu desejo

O inimigo adoraria, hoje, me distrair, me tirar dos trilhos e me destruir. Mas eu escolhi fixar meus olhos no Senhor e no caminho da integridade que Ele escolheu para mim. Com o Senhor ao meu lado, *sou* uma mulher corajosa. Uma mulher que avalia cuidadosamente suas escolhas e pensa antes de agir. Eu não me voltarei para a esquerda ou para a direita, seguindo cegamente os caminhos que levarão à minha destruição. Em vez disso, serei uma mulher que permanece em sintonia com o Senhor, sabendo que Ele manterá meus caminhos firmes e seguros.

> Olhe sempre para a frente [em direção ao caminho da coragem moral], mantenha o olhar fixo no que está adiante de você

[em direção ao caminho da integridade]. Veja bem por onde anda, e os seus passos serão seguros.

Não se desvie nem para a direita nem para a esquerda [onde o mal pode estar à espreita]; afaste os seus pés [do caminho] da maldade. (Pv 4.25-27, AMP)

Hoje, eu deixo claro que não vou voltar atrás ou desistir. O Senhor me trouxe até aqui, fazendo mudanças em mim e me ajudando. Estou no caminho certo com Ele e continuarei dando a ele tudo de mim! Não viverei com os olhos fixos nas coisas terrenas, seguindo os caminhos deste mundo e sendo governada por meus próprios apetites. Deus quer mais de mim! Eu sou uma cidadã dos altos céus! Estou aguardando a chegada do meu Salvador. Meu Jesus. Aquele que transformará este meu corpo terreno cansado em um corpo glorioso como o dEle próprio. Ele me fará bela e completa. Ele não terminou Sua obra em mim, e eu continuarei a viver para Ele!

Assim, os interessados em tudo que Deus tem para nós devem se manter focados no alvo. Se algum de vocês tem outra coisa em mente, algo menos que um compromisso total, Deus vai clarear a vista embaçada de vocês – e vocês vão enxergar! Agora, que estamos no caminho certo, permaneçamos nele.

Amigos, fiquem firmes comigo. Observem os que correm a mesma carreira e prosseguem para o mesmo alvo. Muita gente está tomando outros caminhos, escolhendo outros alvos e tentando levar vocês com eles. Já adverti vocês várias vezes desse perigo. Infelizmente, preciso fazê-lo de novo. Tudo que eles querem é um caminho fácil. Eles odeiam a cruz de Cristo, mas o caminho fácil é um beco sem saída. Os que vivem assim transformam o próprio estômago em seu deus; seus arrotos são seus louvores. Eles só conseguem pensar no próprio apetite.

Mas a vida que temos é muito melhor. Somos cidadãos dos altos céus! Esperamos a vinda do Salvador, o Senhor Jesus Cristo,

> que transformará nosso corpo terrestre em corpo glorioso, como o dele. Ele nos fará belos e perfeitos com o mesmo poder que deixa tudo como deve ser, em toda parte. (Fp 3.15-21, A Mensagem)

O inimigo adoraria que eu fosse pega nas tentações deste mundo. Ele adoraria que eu cedesse à atração devastadora de meus constantes desejos de prazeres físicos. O desejo insaciável por tudo o que vejo. O orgulho que vem do sucesso e de, cada vez mais, possuir bens. Mas eu falo bem alto que estou acima dele e de seus caminhos. Eu sei que buscar prazeres fora da vontade de Deus não é o melhor para mim. Esses prazeres podem me satisfazer no momento, mas acabarão me fazendo sofrer. Prazeres obtidos do modo errado me levarão a um ponto de insatisfação, depressão e destruição. Então, estou escolhendo me voltar para Jesus com todas as forças do meu coração. Declaro que não sou impotente diante de uma grande tentação. O Senhor me fortalece e satisfaz a minha alma.

> Pois tudo o que há no mundo – a cobiça da carne, a cobiça dos olhos e a ostentação dos bens – não provém do Pai, mas do mundo. (1Jo 2.16)

AMBIÇÃO – meu chamado, no que eu invisto meu tempo
Como mulher que compartilha o chamado celestial, que reconhece Jesus como meu apóstolo e sumo sacerdote, declaro que buscarei os propósitos para os quais Deus me criou. Minha maior satisfação será estar focada em meu chamado. Posso não conhecer todos os detalhes do chamado maior que tenho diante de mim, mas certamente estarei a serviço de Deus hoje. Observarei outros que precisam do mesmo tipo de conforto que Deus me deu em minhas dores e decepções e oferecerei ajuda e esperança a eles. Ao cumprir minha missão para hoje, certamente vou discernir Seus propósitos para o meu futuro. Quanto

mais eu me concentrar nEle, mais conhecerei Seus planos. Só Ele é digno do meu olhar e capaz de redimir todos os meus pensamentos e todos os meus passos daqui em diante.

> *Portanto, santos irmãos, participantes do chamado celestial, fixem os seus pensamentos em Jesus, apóstolo e sumo sacerdote que confessamos.* (Hb 3.1)

Às vezes, eu esqueço que não estou sozinha em minha luta. Aqueles que se foram antes de mim estão me encorajando dos lugares celestiais. Isso me lembra que devo continuar, deixar os pesos que estão me atrapalhando e não perder Jesus de vista, pois Ele nunca tirou os olhos de Sua missão de glorificar a Deus com Sua vida na terra. Hoje eu reforço a minha participação na corrida e me comprometo a perseverar.

> *Percebem o que isso significa – todos esses pioneiros iluminando o caminho, todos esses veteranos nos encorajando? Significa que o melhor a fazer é continuar. Livres dos acessórios inúteis, comecem a correr – e nunca desistam! Nada de gordura espiritual extra, nada de pecados parasitas. Mantenham os olhos em Jesus, que começou e terminou a corrida de que participamos. Observem como ele fez. Porque ele jamais perdeu o alvo de vista – aquele fim jubiloso com Deus. Ele foi capaz de vencer tudo pelo caminho: a cruz, a vergonha, tudo mesmo. Agora, está lá, num lugar de honra, ao lado de Deus.* (Hb 12.1,2, A Mensagem)

Sou a obra-prima de Deus – obra de Suas mãos, criada em Cristo Jesus para as coisas boas que Ele preparou para que eu fizesse. Neste dia, eu verei as situações que enfrentarei como o plano perfeito de Deus para desenvolver meu caráter e me deixar pronta para o meu chamado. Andarei nos caminhos em que Ele me conduzir e darei louvor a Ele, pelo modo como me fez, pelo resto dos meus dias.

> *Porque somos criação de Deus realizada em Cristo Jesus para fazermos boas obras, as quais Deus preparou antes para nós as praticarmos.* (Ef 2.10)

AÇÃO – minhas escolhas, como eu permaneço firme

Confesso que há muitos dias em que acredito na mentira de que sou incapaz e fico sem esperança. Mas hoje tomo posse da esperança e da verdade sobre a minha vida. Eu fui equipada e abençoada com a preciosa e poderosa Palavra de Deus. Sua Palavra é firme e segura. Eu posso me firmar e me apegar firmemente a ela. Posso seguir em frente, hoje e todos os dias, enquanto o fôlego de Deus, nas páginas da Sua Palavra, inspira uma nova esperança e vida em mim. Sim, eu sou amada e bem preparada por Deus. E hoje escolho fixar meus olhos em Sua Palavra, encher meu coração com a esperança que tenho nEle e deixar que o amor e a graça de Seu Filho Jesus Cristo me fortaleçam e me encorajem para cumprir o meu chamado.

> *Portanto, irmãos, permaneçam firmes e apeguem-se às tradições que lhes foram ensinadas, quer de viva voz, quer por carta nossa. Que o próprio Senhor Jesus Cristo e Deus nosso Pai, que nos amou e nos deu eterna consolação e boa esperança pela graça, deem ânimo ao coração de vocês e os fortaleçam para fazerem sempre o bem, tanto em atos como em palavras.* (2Ts 2.15-17)

Admito que passo meu tempo ansiosa e preocupada, quando deveria passar meus dias agradecendo a Deus. Hoje será o dia em que agradecerei em vez de ceder às preocupações. Hoje será o dia em que orarei pelo que está doendo em mim. E hoje será o dia em que receberei a paz que Deus sempre intencionou que habitasse em mim. Manterei minha mente focada nas coisas que são verdadeiras, honradas, dignas de respeito, certas, bíblicas, puras, admiráveis e boas para mim. Pelo resto dos meus dias, vou me empenhar no que é excelente e louvável, mantendo essas coisas perto do meu coração.

> *Portanto, meus irmãos, a quem amo e de quem tenho saudade, vocês que são a minha alegria e a minha coroa [meus louros de vitória], permaneçam assim firmes no Senhor, ó amados! [...] Não andem ansiosos por coisa alguma, mas em tudo [todas as circunstâncias e situações], pela oração e súplicas, e com ação de graças, apresentem seus pedidos [específicos] a Deus. E a paz de Deus [a paz que tranquiliza o coração], que excede todo o entendimento, [essa paz] guardará os seus corações e as suas mentes em Cristo Jesus. Finalmente, irmãos, tudo o que for verdadeiro, tudo o que for nobre, tudo o que for correto, tudo o que for puro, tudo o que for amável, tudo o que for de boa fama, se houver algo de excelente ou digno de louvor, pensem nessas coisas [foquem sua mente nelas, implante-as em seu coração]. (Fp 4.1,6-8, AMP)*

Quando as coisas parecerem muito difíceis e minha mente começar a se desviar para maus pensamentos, eu me lembrarei de que Deus é imutável, fiel e nunca deixará de cumprir Suas promessas a mim. Ele nunca Se atrasa, nunca é indigno de confiança e me ama mais do que eu posso imaginar. Ele é confiável, e eu descansarei nEle.

> *Deus não é homem para que minta, nem filho de homem para que se arrependa. Acaso ele fala, e deixa de agir? Acaso promete, e deixa de cumprir? (Nm 23.19)*

Quando pronunciamos essas palavras de reafirmação e as vivenciamos, somos fortalecidas, nós nos tornamos mais confiantes e prontos para lutar contra as cruéis mentiras de Satanás com a poderosa verdade da Palavra de Deus.

Indo à fonte

> Conforto não é uma solução a ser procurada; é um subproduto que colhemos quando permanecemos perto do Senhor.

Lembre-se

- Ser induzido a uma falsa sensação de segurança é pior do que passar pelo processo do sofrimento.
- Para ser como Jesus, devemos nos tornar cada vez mais imersos nEle e cada vez menos imersos em nossa maneira humana de lidar com as circunstâncias.
- Essas decepções que todos nós passamos são, na verdade, parte do plano divino para vermos Deus fazer coisas novas em nossa vida.
- Se tivermos uma percepção errada de Deus, certamente teremos uma compreensão errada de nossas circunstâncias.
- Quando exaltamos a verdade de Deus, diminuímos as mentiras do inimigo.
- Usar a verdade de Deus como suas palavras de reafirmação não mudará o *que* você vê, mas mudará completamente *como* você vê.

Receba

Pedimos a Deus que vocês se tornem fortes com toda a força que vem do glorioso poder dele, para que possam suportar tudo com paciência. (Cl 1.11, NTLH)

Leia também:

- Números 23.19
- Salmos 19.14; 91.14,15; 112.7; 138.1-3,7; 145.18
- Provérbios 4.25-27; 5.1,2
- Isaías 16.6,7,10; 26.3; 43.1-5,18,19
- Jeremias 24.7; 48.11
- Lamentações 3.21-23
- Mateus 6.33,34
- João 16.12-15,33
- Romanos 8.5,6; 12.2
- Efésios 2.10
- Filipenses 3.15-21; 4.1,6-8
- 2Tessalonicenses 2.15-17
- Hebreus 3.1; 12.1,2
- Tiago 5.13
- 1Pedro 4.12,13; 5.8
- 1João 2.16

Reflita

- E se as suas incertezas estiverem ajudando, e não prejudicando você? Neste momento, que pontos positivos você pode reconhecer em seu período de decepção?
- Que confortos e certezas você anseia agora, os quais, mais adiante, poderiam resultar em acomodação, afastando seu coração de Deus?
- Todas nós precisamos ter algumas palavras de reafirmação à mão para podermos colocar a verdade de Deus sobre nossas situações difíceis. Ao terminar este capítulo, qual declaração falou mais ao seu coração em meio às circunstâncias enfrentadas?

Oração

Pai,
Eu quero, cada dia, ser mais parecida com o Senhor. Quero pensar cada vez mais como o Senhor. Quero passar mais tempo com o Senhor e mudar o meu agir como resultado disso. Remova de mim os resíduos do pensamento errado, das conclusões erradas e das reações erradas. Coloque-me em circunstâncias que me deixem desejando o seu toque. Eu quero me amoldar ao Senhor, para que possa ser transformada ao absorver a sua essência. Eu creio no Senhor. Confio no Senhor. Faça-me mais como o Senhor, eu oro.

Em nome de Jesus. Amém.

CAPÍTULO ONZE

De cabeça para baixo

Só para você saber, eu gostaria de ter o poder de tirar todas as decepções que impedem a sua felicidade e pesam em seu coração. Tanto as grandes quanto as pequenas, sejam elas dor do passado ou mágoa do presente. Eu gostaria que pudéssemos nos reunir no conforto da minha cozinha de azulejos brancos, com pratos na pia e roupa sobre a mesa precisando ser dobrada. Eu lhe ofereceria alguns biscoitos saídos do forno e lhe diria: "Eu entendo. Vamos conversar".

Eu compartilharia meus assuntos, e você compartilharia os seus.

Provavelmente, começaríamos falando de histórias das pequenas loucuras da vida. Como quando a minha maquiagem se misturou com as da minha filha. Até aí, tudo bem, sou flexível o suficiente para usar a maquiagem dela. A iluminação não era muito boa onde eu estava me maquiando, mas tudo bem.

Até que, mais tarde no escritório...

Eu entrei no banheiro bem iluminado e quase desmaiei. Minhas sobrancelhas estavam roxas! Eu não tinha usado o meu lápis de sobrancelhas marrom, mas um roxo da minha filha! As pessoas estavam interagindo comigo o dia todo, sem dizer uma palavra. Engraçadinhos...

Ou quando cismei que uma camisa de liquidação, pela qual eu tinha me apaixonado, serviria em mim. Quer dizer, eu sabia que a etiqueta dizia que ela era dois números menor que o meu, mas a gente sempre acha que dá um jeito, não é? Mas... fiquei presa dentro dela. Meus braços estavam para cima, e eu não conseguia mexê-los; então, percebi que não conseguia me mover. Meu rosto estava coberto pela camisa; portanto, eu também não conseguia ver. Meus "pneuzinhos" estavam à plena vista de todos, quando fui forçada a sair do provador às cegas e gritar: "*Helloou*, alguém pode me dar uma mãozinha?"

Por que essas coisas continuam acontecendo comigo?

Depois que ríssemos juntos, chegaríamos às questões mais profundas. As maiores decepções. As coisas mais difíceis de lidar.

E nós dois concordaríamos que "não era para ser assim". Esta vida entre dois jardins é confusa e complicada. O pó é complicado.

Nós nem gostamos de tocar o pó, especialmente se for feito de pedaços quebrados de nosso próprio coração.

Felizmente, não precisamos. Podemos entregá-lo a Deus – Aquele que molda nosso pó em algo que queremos, mas que nunca poderíamos fazer por nós mesmos.

Nós concordaríamos com isso.

Eu compartilharia alguns versículos que realmente me ajudaram. Mas, eu avisaria você, o primeiro pode não parecer tão bom, no início. Mas é melhor lutar com a verdade do que mergulhar em turbulências. Então, eu recorreria ao livro de Tiago, capítulo 1. Recitaria os versículos 2-4 de cor, o que deveria tranquilizar você. Pessoalmente, tenho lutado várias vezes com a verdade em meio às provações.

> *Meus irmãos, considerem motivo de grande alegria o fato de passarem por diversas provações, pois vocês sabem que a prova da sua fé produz perseverança. E a perseverança deve ter ação completa, a fim de que vocês sejam maduros e íntegros, sem lhes faltar coisa alguma.* (Tg 1.2-4)

Eu confesso que só até certo ponto gosto desses versículos. Eles são fáceis de usar quando o seu pior problema é o atendente do *drive-thru* anotar errado o seu pedido. Ele misturou tudo e atrapalhou o seu dia de trabalho. *Grrrrrr*. Mas, então, você coloca um pouco de Jesus no seu dia, se sente muito madura e fica alegre por dentro.

Mas e as outras coisas pelas quais passamos? As que doem por muito tempo, ou nos desapontam profundamente, ou parecem ser arrasadoras e permanentes?

"Jogar no rosto" alguns versículos como "devemos nos alegrar com essa situação" sobre as nossas dificuldades parece cruel. É como fazer uma piada de mau gosto sobre algo terrivelmente doloroso. É muito cedo para esse tipo de bobagem.

Fico feliz por esses versículos não dizerem "sinta alegria", mas *considere motivo de alegria o fato de passarem por diversas provações*.

Quero compartilhar com você sobre uma amiga minha chamada Angie. Creio que podemos chamá-la para caminhar conosco. Ela é uma bela alma, e somos unidas tanto por alegrias e risadas quanto por tristezas e choro. Seu bebê, a Audrey, foi do útero ao céu em questão de minutos. Não haveria festinhas para ela com suas irmãs. Não haveria segredos compartilhados com as amiguinhas. Não haveria festas de aniversário ou passeios às lojas de brinquedo com o papai.

Ficou apenas o doce legado de que ela cumpriu sua tarefa aqui mais rápido do que a maioria e construiu todas as suas lembranças com Jesus.

Só que sua mãe ainda chora por ela. Os braços de Angie queriam muito abraçá-la e seus olhos desejavam muito ver Audrey crescer.

Um pouco antes do nono "aniversário" de Audrey, recebi uma mensagem de Angie, dizendo que uma pintura que eu encomendara a uma artista amiga para a minha missão, *Proverbs 31*

Ministries, lhe tirara o fôlego. Angie a tinha visto nas mídias sociais, e ela era muito semelhante a como ela imaginara que Audrey seria com 9 anos. Havia detalhes na pintura que a artista nunca poderia conhecer, exceto por inspiração divina. Angie chorou ao ver o quadro.

O problema era que a pintura já havia sido vendida. Então, seu marido, Todd, e eu contatamos a artista, que, com mais precisão ainda, criou outro original para Angie. Pouco antes de Todd surpreender Angie fazendo uma visita ao estúdio para buscar o seu tesouro, enviei à artista, Deann, um bilhete com uma dedicatória que deveria ser escrita no verso da tela:

> Querida Angie,
> Audrey não foi esquecida. Nem você. Deus queria que você tivesse uma imagem da sua linda filha com 9 anos para garantir que ela está bem. Você vai vê-la novamente. Mas, até lá, aqui está ela. Linda. Completa. Tão orgulhosa da mãe dela. Deus se mostra de maneiras surpreendentes. Hoje foi por meio do pincel da Deann.
> Amo você,
> Lysa

Nesse ponto da nossa conversa, eu abriria o Instagram da Angie e mostraria o que ela havia escrito como resposta. Fui muito confortada. Suas palavras me deram muita esperança em meio às minhas próprias dores. Porque às vezes, quando você não consegue firmar os pés com a sua própria fé, você precisa, momentaneamente, se apoiar na fé de outra pessoa.

Ela escreveu:

```
A bondade do Senhor é maior do que posso compreender.
   Hoje foi, de verdade, um dos melhores dias da
   minha vida. Jamais esquecerei a dedicatória que Lysa
   escreveu no verso da pintura de Audrey... Os pincéis
   da Deann deram vida ao meu anjinho.
```

> Estou impressionada. Estou chorando, mas minhas
> lágrimas são de gratidão.
> Obrigada, Senhor... Vou postar mais fotos para
> que todos possam ver melhor — é fantástico. Estou
> completamente maravilhada.

Ela disse que estava derramando *lágrimas de gratidão*. Atrevo-me a dizer que essa é uma das melhores descrições que eu já ouvi sobre considerar a possibilidade de alegria em meio a uma tristeza inimaginável.

Ela sabe...

Viver é amar. Amar é arriscar sentir dor. Arriscar sentir dor é viver. E isso é o que significa ser verdadeiramente humano. Somos frágeis como o pó. Somos quebrados e moldados. E aí se dá a edificação da nossa fé.

As lágrimas são a conexão mais sincera que temos com os outros, e a confiança é a conexão mais verdadeira que temos com Deus. As lágrimas de gratidão da Angie me tocaram profundamente e me ajudaram a pensar com um coração grato e confiante, enquanto eu lutava com as minhas próprias lágrimas.

E não é a isso que tudo se resume? Confiar. Trocar *nossa vontade* por "Tua vontade", porque sabemos que Ele fará o melhor.

ENTENDO QUE CONSIDERAR tudo isso alegria depende de realmente confiarmos em Deus em meio ao que nossa mente humana não consegue ver como algo bom. É realmente difícil. Então, para me ajudar, vou fazer uma analogia. Imagine que hoje decidimos fazer um bolo. Um bolo de verdade. Não do tipo "ir até a esquina, comprar um bolo, exibi-lo em um prato bonito e sorrir quando as pessoas comentarem sobre a 'minha obra-prima'". Não é isso.

Vamos fazer um bolo para o qual compramos todos os ingredientes certos e os usamos, nas medidas certas, para preparar uma receita completa.

Depois de ir às compras, colocamos todos os ingredientes enfileirados: farinha, manteiga, açúcar, baunilha, ovos, fermento e uma pitada de sal. Aí, digamos que tenhamos ficado cansados demais para misturar tudo e finalizar o bolo. Então, nos ocorre uma ideia: vamos degustar os ingredientes do bolo separadamente, um ingrediente por vez. E, por não apreciarmos alguns ingredientes individuais, preferimos deixá-los de fora.

A farinha é muito seca – fica de fora.

O açúcar, a manteiga e a baunilha são bons – vamos usá-los!

Ovos crus são desagradáveis – sem dúvida, eles ficam de fora!

Dessa forma, o que aconteceria? Nosso bolo nunca ficaria equilibrado e completo. Sempre faltaria algum ingrediente.

Somos muito rápidos em julgar a qualidade de nossa vida e nossa confiança em Deus com base em experiências individuais, em vez de considerar o bem que Deus está nos preparando, usando todos os eventos.

Precisamos entender que, assim como o mestre confeiteiro tem razões para incluir a farinha e os ovos na medida certa em sua receita, Jesus, o autor e consumador da nossa fé, fará o mesmo com os tempos áridos e de dificuldade. Sim, podemos passar por momentos de transtorno na hora de a massa ser misturada, e também de calor na hora de assar, mas logo cresceremos e nossa vida se tornará esperança, graça, paz e conforto para outros.

É assim que hoje podemos considerar nossa vida como motivo de alegria. Há um propósito tanto na dor quanto na alegria em ter uma vida com Jesus.

Tiago nos mostra no que podemos fixar nossos olhos enquanto perseveramos nessa alegria:

> *Feliz é o homem que persevera na provação, porque depois de aprovado receberá a coroa da vida, que Deus prometeu aos que o amam.* (Tg 1.12)

> **CONFIAR.**
> Trocar nossa vontade por "Tua vontade", porque sabemos que Ele fará o melhor."

Dá para imaginar? Sermos considerados dignas de receber a coroa da vida? Você se recorda de como colocaram a coroa de espinhos em Jesus? Isso pode servir de metáfora à dor das nossas tristezas de hoje – tão semelhante a uma coroa de espinhos. Mas essa terrível coroa é um vislumbre de todas as transformações que ocorrerão na eternidade, quando tudo virará de cabeça para baixo. A tristeza se transformará em alegria, e o desgosto, em gratidão. Coroas de espinhos se transformarão em coroas de ouro.

Eu fiz uma pequena pesquisa sobre essa coroa da vida. Ela será dada aos que forem chamados ao serviço especial do rei por sua dedicação a Ele. O coração deles pode ter sido quebrado durante a vida terrena, mas o espírito não. Eles confiaram em Jesus e O amaram, e se importaram o tempo todo com pessoas. Eles, em vez de se afundarem em piedade, deixaram Jesus transformar seu pó em cerâmica – e ela se tornou bonita, forte e útil para fins nobres.

Segundo muitos estudiosos da Bíblia, por manterem o coração totalmente apaixonado por Jesus, assim que entrarem na eternidade e receberem a coroa, eles a depositarão imediatamente aos pés de Jesus, agradecidos por terem em mãos um presente para dar ao Rei.

Que alegria! Mesmo depois de abrir mão de sua coroa, essas pessoas continuarão a manter a honra que lhes foi concedida. Elas estarão entre aqueles que Jesus reconhece como seus amigos mais íntimos.

Sinto vontade de chorar ao pensar nisso.

Quero viver cada minuto de cada dia considerando a alegria de agora e a alegria daquele Dia.

Eu contaria tudo isso para você enquanto estivéssemos ao redor do nosso prato de biscoitos, porque somos almas gêmeas.

Em um momento, compartilharíamos com palavras. E, no seguinte, simplesmente com lágrimas. Nossa dor comum não precisaria ser preenchida com muitos detalhes, porque simplesmente saberíamos do que se tratava.

Eu insistiria que pegássemos pequenas telas e pintássemos juntos. Você poderia não querer, mas garanto que não precisaríamos nos preocupar em pintar obras de arte. As pessoas são as obras-primas, e você é criativo porque é a melhor criação de Deus. As pinceladas e as impressões digitais dEle dançam dentro de você. Então, eu apresentaria minhas regras escritas a todos que fossem pintar e limparia minha garganta de uma forma dramática, ao dizer:

- Todos devem tentar.
- Dê a si mesmo permissão para não ser perfeito.
- Recuse-se a ser intimidado pelo processo.
- Mais beleza emergirá dos pincéis de quem está livre do medo.
- Sorria. Eu já amo o que em breve tomará vida em sua tela.

Nós relaxaríamos e perceberíamos que essas regras também são boas para viver. Então, pintaríamos. E você descobriria que realmente gosta disso. Sua obra seria incrível, e juntos pensaríamos no lugar perfeito para você pendurá-la em sua casa. Seria uma pequena vitória para nós, enquanto, lentamente, saímos da toca. É bom estar vulneráveis com obras de arte e uns com os outros.

Terminaríamos com um pouco de café e, provavelmente, logo mais também precisaríamos de batatas fritas e queijo! Então, entraríamos no carro. Ligaríamos o rádio para ouvir música, com as janelas abertas. Iríamos juntas a um restaurante mexicano, onde os garçons colocam sombreiros nos clientes e oferecem guacamole grátis.

Nós ficaríamos à vontade. Em um momento, morreríamos de rir e, no outro, calaríamos e "nos afogaríamos" em profundos pensamentos. Certamente derramaríamos molho em nossa blusa e lágrimas em nosso *jeans*.

Perderíamos, também, a noção do tempo. Eu chegaria mais perto e lhe daria um abraço apertado e comentaria sobre nossa conversa: "Quantos assuntos, como é bom gastarmos tempo juntos!"

Então, chegaria a hora de cada uma voltar para sua própria casa. Mas, antes que nos separássemos, eu pegaria meu diário e leria mais um pouco.

Este é um diálogo imaginário entre Deus e Jesus.

Não é uma profecia. Tampouco estou tentando declarar palavras divinas sem ter tal autoridade. Mas, quando essa alegoria veio à minha mente, ela se instalou em minha alma e me pareceu oportuno compartilhá-la com você.

Coloquei o título "De cabeça para baixo" e, enquanto abaixo os meus olhos para ler, dedico o conteúdo a você:

De cabeça para baixo

"O Filho virou a cabeça e questionou:
— Hummm... Pai, esses adjetivos não são estranhos para designar essa pessoa? Podemos escolher outros? Eu tenho algumas sugestões fantásticas. Ela é otimista e forte; carinhosa e compassiva; boa e generosa e muito consciente a respeito dos outros. Ela é, ao mesmo tempo, intelectual e sentimental. Ela é muito rara, Pai. Sim, ela é rara.
— Eu sei. E é por isso que ela precisa ficar de cabeça para baixo.
— Pai, à medida que o tempo passar, creio que ela não vai gostar de o Senhor ter feito isso com ela. Acho que ela vai perguntar: 'Por que o Senhor fez isso comigo?'

O Pai respondeu:
— Ela certamente me questionará. Sua pergunta favorita será 'Por quê?' E isso vai ser bom para

ela. Pois na luta contínua ela aprenderá algo que a maioria das pessoas nunca aprende. Ela vai ver que eu não fiz essas coisas *com* ela. Eu as fiz *por* ela. Embora tenha doído meu coração dar-lhe o oposto do que ela queria, ela vai me ver finalmente transformar em bem tudo o que pareceu ruim. Vou virar tudo de cabeça para baixo e, ao fazê-lo, ela viverá do lado certo. Ela será um farol de luz na extrema escuridão. Ela será uma voz de esperança em meio aos desesperançados.

– Ao aprender a viver de cabeça para baixo, ela descobrirá que há alguns problemas que não podem ser resolvidos, embora seu cérebro continue, incansavelmente, a procurar uma resposta. Mas, ao final, ela entregará todas as tentativas e toda a luta para manter tudo em ordem. Ela finalmente aceitará sua mais gloriosa qualidade: a sua confusão.

– Esta é a parte mais 'ao contrário' de toda a história. O que a torna mais encantadora são exatamente as partes mais confusas. Desarrumadas. Não polidas. Inexperientes. Não contaminadas pela perfeição. Não afetadas pela cobrança e pelo desempenho.

– Ela, sem esforço, mostrará a outros uma maneira de me encontrar e mostrar ao coração deles a realidade de que sou um Deus bom. E o mais importante: que sou especialista em ser Deus. Nenhuma pessoa deveria carregar o fardo de ser seu próprio deus, mas muitos o fazem.

– Enquanto ela me procura em meio à sua confusão, vai mostrar a outros como encontrar a liberdade desse fardo. Ela será uma força a ser respeitada na grande batalha do bem contra o mal. Sua gentileza será sua força. Seu amor será a arma mais poderosa. Seu equilíbrio será a beleza de sua alma. E sua luta com as respostas nunca recebidas para seus 'porquês' será a sua humildade.

— Ela será uma aprendiz e uma amante da verdade. Ela almejará a certeza. Mas as pessoas são imprevisíveis, e as circunstâncias muitas vezes a confundirão. Então, ela tomará suas incertezas e as enterrará no rico solo da minha Palavra.

— Estes serão alguns dos nossos momentos de maior proximidade. Quando ela aprender algo enquanto estiver confusa, se lembrará para sempre. A verdade a moldará da melhor maneira e levará seu coração a querer dar a outros a esperança que encontrou. Então, é por meio de suas incertezas que ela encontrará seu propósito mais determinado. Ela será:

- uma *curadora* da curiosidade
- uma *portadora* da imaginação
- uma gentil *anunciadora da verdade*
- uma ousada *portadora do evangelho*
- uma *questionadora* dos "*porquês*"

— Essas são as coisas que ela descobrirá enquanto viaja pela vida, dançando, caindo e se levantando novamente.

— Mas, Filho, há algo que você deve dizer a ela pessoalmente, hoje mesmo: 'Querida filha, quando o mundo tentar tirar esses "porquês" de você, devolva-os ao coração da sua criança interior, aquela de olhos arregalados, e incentive-a: "Vá em frente, pergunte". Eliminar essa pergunta será o mesmo que exterminar o questionamento apaixonado que a levará a uma resposta. Você nunca saberá por que uma pessoa fez o que fez. Ou por que as circunstâncias aparentemente perfeitas mudaram e se corromperam. Por que a destruição e a devastação invadiram uma vida. Não, você nunca terá essas respostas. Mas acredite em mim: nada ficaria melhor se essas respostas fossem encontradas. Não mesmo. Eu não escondi essas respostas como uma manobra cruel de poder. Eu as guardei, porque só eu posso suportar o peso delas.

'Você vive em um mundo imperfeito no qual as coisas quebram. Em um mundo saturado pelo pecado, coisas *horríveis* acontecem. Simplesmente acontecem. E você vai se machucar profundamente por causa delas. E, minha querida, você também verá outros se machucarem.

'Você ouvirá respostas humanas em uma tentativa de amenizar os grandes golpes da vida. Isso pode soar bem em um sermão, mas não se sustenta na vida real. E então você entenderá que o sofrimento foi um presente que você recebeu para mantê-la humana. Você ajudará outras pessoas dando-lhes também a única resposta verdadeira: "O Senhor ajudou-me a sobreviver e Ele também a ajudará. Eu vou segurar sua mão enquanto você encontra o caminho até Ele".

'Você não saberá o motivo de as coisas acontecerem, com uma exceção: Olhe ao redor, e você verá a resposta daqueles "porquês" que eu quero que você saiba. Você vai encontrá-la nos olhos de todas as pessoas em quem você esbarrar ou se atrever a abraçar. Ali estarão uma tristeza secreta, uma ferida profunda, uma criança assustada. Você foi feita para se conectar com essa pessoa. Conectar-se de verdade. Mas você nunca se conectará com suas perfeições e desempenho. Tudo o que é certinho e brilhante em você os repele, os assusta ou os faz recuar. Mas... e suas lágrimas? Oh, elas são ímãs líquidos atraindo os outros a você. São um rio de realidade. Uma cura para as mágoas. Uma cola para o que está quebrado.

'É importante que você entenda que é exatamente por causa das suas lágrimas que as pessoas se aproximam. São elas que fazem de você uma pessoa confiável. O "também aconteceu comigo" une os corações.

'Você não terá que lhes dar respostas. Apenas dê-lhes a paz de sua presença. E, nesse momento, você sentirá como se seu coração fosse explodir de alegria por ser imperfeita. Eles vão convidá-la para ficar, quando perceberem que você não passou pela vida sem experimentar falhas e fracassos, e também foi fragilizada por outras pessoas.

'A perfeição intimida. A compaixão inspira. E é nisso que você finalmente encontrará a resposta dos seus "porquês". Por que isso aconteceu? Porque há alguém que se afogaria em suas próprias lágrimas se não visse as suas. E, quando você faz outra pessoa simplesmente ver que ela não está sozinha, você faz do mundo um lugar melhor.'

— Diga que eu dei a ela as palavras *de cabeça para baixo* porque, com elas, ela descortinará ao mundo o maravilhoso motivo dos 'porquês'. São eles que a fizeram uma mulher sábia.

— *De cabeça para baixo* são as palavras perfeitas para alguém que ficará de *cabeça para cima*, exatamente por ser confusa, maravilhosa e muito viva."

Essa é você. Essa sou eu. Esse é o pó sendo remodelado.

Indo à fonte

> Tudo vai virar de cabeça para baixo na eternidade. A tristeza se transformará em alegria. Desgosto, em gratidão. Coroa de espinho, em coroa de ouro.

Lembre-se

- É melhor lutar com a verdade do que mergulhar em turbulências.
- Viver é amar. Amar é arriscar sentir dor. Arriscar sentir dor é viver. E isso é o que significa ser verdadeiramente humano.
- As lágrimas são a conexão mais sincera que temos com os outros, e a confiança é a conexão mais verdadeira que temos com Deus.
- Confiar. Trocar *nossa vontade* por "Tua vontade", porque sabemos que Ele fará o melhor.
- Há um propósito tanto na dor quanto na alegria em ter uma vida com Jesus.
- Todos devem tentar.
- Dê a si mesma permissão para não ser perfeita.
- Recuse-se a ser intimidada pelo processo.
- Mais beleza emergirá dos pincéis de quem está livre do medo.
- Nenhuma pessoa deveria carregar o fardo de ser seu próprio deus, mas muitos o fazem.
- Você entenderá que o sofrimento foi um presente que você recebeu para mantê-la humana.

- A perfeição intimida. A compaixão inspira.
- Alguém se afogaria em suas próprias lágrimas se não visse as suas.
- Quando você faz outra pessoa simplesmente ver que ela não está sozinha, você faz do mundo um lugar melhor.
- Seus "porquês" a fizeram uma mulher sábia.

Receba

Feliz é o homem que persevera na provação, porque depois de aprovado receberá a coroa da vida, que Deus prometeu aos que o amam. (Tg 1.12)

Leia também:

- Tiago 1.2-4

Reflita

- Você diria que, ultimamente, passou mais tempo se afundando nos problemas da vida ou lutando em prol da Verdade?
- Existe algum "ingrediente" em sua vida agora – alguma situação difícil ou decepcionante – que você gostaria de deixar de fora?
- Como saber que o fato de existir um propósito para a dor pode ajudar a descobrir onde encontrar a alegria?
- A esperança da coroa da vida muda sua perspectiva sobre o seu sofrimento? Como você se sentiria ao colocar essa mesma coroa aos pés de Jesus, em profunda gratidão?
- Com quem você precisa compartilhar suas lágrimas? Quem precisa saber que não está sozinho?

- A dor e a confusão frequentemente encontradas nesta vida entre dois jardins podem nos deixar desconfiados de Deus, fazendo-nos pensar que Ele é cruel e injusto. Pergunte a si mesma: Estou disposto a crer que Ele está me protegendo e me preparando para tudo o que ainda enfrentarei?

Oração

Pai,
Eu precisava desse olhar para as avarias, para as decepções e para o pó que parecem se acumular em minha vida. Estou cansada. Estou desgastada. Mas, agora, também estou esperançosa. O Senhor tem bons planos para me refazer, e eu sei que o Senhor nunca me abandonará. Suas palavras são verdadeiras e boas, e pela primeira vez, em muito tempo, eu acredito nelas. Com todo o meu ser, eu digo isso. Obrigado por recolher meus cacos quebrados e transformá-los em algo ainda melhor – transformando-me em uma pessoa melhor. Para a glória do nome de Jesus. Para o meu bem. Não há como agradecer o bastante. Hoje eu entrego meu pó e vou recuar para assistir ao Senhor trabalhar. E à medida que o Senhor o faz, oro para que o Senhor me molde mais e mais à semelhança de seu Filho.

É em Seu santo nome que eu oro. Amém.

EPÍLOGO

Estou novamente sentada na varanda. Art estende a mão para segurar a minha.

Ele leu todas as palavras deste livro, aprovou e disse que ficou bom. Estou sinceramente surpresa por estarmos aqui. É um tempo que me causa muito medo e gratidão. E se isso acabar e tudo desmoronar novamente, fazendo a vida implodir? Meu coração será capaz de suportar? Vou me sentir uma idiota? Vou desmoronar em desespero?

Acho que não. Não desta vez.

Art e eu finalmente fizemos as pazes com o fato de que seremos apenas humanos deste lado da eternidade.

Eu sou um ser humano que "vestiu a camisa" da sacralidade do casamento, mas que percebe plenamente que não pode controlar as escolhas, além das próprias. Também sou um ser humano que ainda quer intensamente acreditar que o amor pode ser bom. As pessoas podem mudar. Vícios podem ser curados e casos amorosos podem ser superados. Não é fácil. No entanto, esse é o caminho que estou escolhendo.

É o caminho que estamos escolhendo.

Ao mesmo tempo, tenho muita compaixão e profunda empatia por aqueles que seguiram um caminho diferente, tendo enfrentado horrores e desgostos semelhantes. Eles fizeram o que puderam. Oh, como eles choraram, tentaram e desejaram algo diferente. Eu os entendo. Eu estaria na mesma situação, não fosse por uma graça inexplicável, um sopro de mudança e um homem de coração arrependido, permitindo que Deus trabalhasse nele, como nunca antes.

Não há nada que eu possa dizer que eu tenha feito melhor, ou diferente, que tenha ajudado a resolver essa confusão. Estou tão surpresa quanto qualquer outro. Não há nada além de uma Bíblia surrada, um travesseiro manchado de lágrimas, um grande alívio, uma brisa fresca e os ecos de tudo o que Deus nos ensinou nesta vida entre dois jardins. Enquanto me sento aqui neste lugar entre a desordenada humanidade e a realidade divina, anseio que essa segunda chance seja cingida de garantias. Mas não é assim. Vou ter que sair para essa nova *normalidade*, completamente atenta para o fato de que nela também há riscos.

O ser humano é vulnerável, e essa condição exige que confiemos profundamente em Deus. Confiar em Deus é a lição mais difícil de aprender, porém é a mais crucial.

Nós confiamos em um Deus que permite o sofrimento.

Mas também confiamos em um Deus que usa o sofrimento para o bem.

Sofrer não é a pior coisa do mundo. Na verdade, é o que nos aproxima de Jesus e nos deixa mais perto de nossos companheiros humanos. Neste mundo cheio de diferenças, ficamos fortemente unidos quando simplesmente choramos juntos.

Então, eu não temo o sofrimento porque confio que Deus vai usá-lo para o meu bem. Temo ficar acomodada o suficiente para relaxar e começar a retornar a uma *normalidade* que está sempre sujeita a alterações.

Estou exaurida pela mudança. Ainda me encontro resistindo a ela. Mas fui transformada em um ser humano melhor em razão do que passamos. Art também o foi. Nunca teríamos escolhido essas mudanças, mas elas são para o *bem*. Elas são o *bem* mais difícil que já vivemos.

Mas eu não quero fechar isso com um lindo laço, porque a vida real nunca é tão "certinha". Ainda sou alguém que chora pelo que aconteceu, sofre com o que não pôde ser recuperado, e fica assustada. Muito assustada.

Abrir meu coração agora significa expor novamente o que foi tão gravemente ferido pelo risco de confiar no outro. Para ganhar confiança, você precisa se aproximar. E se atrever a tentar. Sim, é arriscado. Sim, eu tremo com a incerteza de tentar novamente. Sim, não estou segura de saber como afastar o nevoeiro da incerteza. Então, eu faço a escolha de não tentar resolver tudo. Eu simplesmente seguro fortemente a mão que me é oferecida e respondo: "OK, Art, vamos tentar".

ATUALIZAÇÃO DA AUTORA

Agradeço a você que orou por mim e por minha família nesses meses, tanto pelo meu casamento quanto por minha saúde. Suas palavras me sustentaram quando senti que não teria forças para enfrentar as batalhas à frente. Por isso, sou incrivelmente grata.

Depois que terminei de escrever o manuscrito de *Não era para ser assim*, meus médicos e eu decidimos que a melhor maneira de combater o câncer de mama seria por uma mastectomia dupla. Passei por essa cirurgia e, nas semanas seguintes, fui declarada livre da enfermidade. Eu ainda farei outras cirurgias reconstrutivas, mas estou muito agradecida por estar a caminho da cura. Oro diariamente pela cura de outras mulheres que enfrentam o câncer de mama e tantos outros diagnósticos assustadores que as fazem chorar.

Ainda não tenho as respostas para os meus "porquês". Mas tenho visto muitos vislumbres da fidelidade de Deus em meio a essas situações. E aprendi a ter uma confiança mais profunda em Deus mesmo quando, e especialmente quando, a vida não faz sentido. Isso é um presente. Um bom presente, ao qual vou me apegar com muita gratidão pelo resto da minha vida.

NOVE TEXTOS BÍBLICOS
PARA "SOBREVIVER" QUANDO DEUS PARECE SILENCIOSO

Você está ansioso para ver Deus agindo em meio a uma situação de dor em sua vida? Talvez por causa de alguma oração não respondida, pela qual você derramou lágrimas incontáveis. Ou em razão de um relacionamento rompido que você está pedindo que Ele conserte. Ou ainda por uma dor específica que você continua clamando, insistentemente, para que Ele ponha um fim. Eu sei, exatamente, quanto essas situações podem ser difíceis.

Também sei que o inimigo adoraria que você pensasse que Deus o está ignorando. A verdade é que Deus, deseja sim, nos ajudar em nossos problemas. Mas, para nos ajudar, Ele precisa nos transformar. E tudo isso é porque Ele nos ama. Quero, portanto, destacar três afirmações que são meu ponto de partida quando penso e luto com sofrimento, decepções e expectativas não atingidas, sejam elas grandes ou pequenas:

- DEUS DESEJA ME AJUDAR
- DEUS DESEJA ME TRANSFORMAR
- DEUS ME AMA

A seguir você encontrará essas afirmações, juntamente com as mentiras em que muitas vezes acreditamos, e textos bíblicos que podemos usar para derrotar essas mentiras. Quando exaltamos a verdade de Deus, diminuímos as mentiras do inimigo. Oro para que você se agarre a essas verdades. E oro, também, para que você descanse ao saber que Deus não o está ignorando; Ele o está restaurando.

DEUS DESEJA ME AJUDAR

Mentira:

Nada parece estar mudando. Deus deve estar ignorando meus pedidos de ajuda.

Verdade:

> *Esperei com paciência pelo* Senhor; *ele se voltou para mim e ouviu meu clamor. Tirou-me de um poço de desespero, de um atoleiro de lama. Pôs meus pés sobre uma rocha e firmou meus passos* (Sl 40.1,2 NVT).

Eu me lembrarei:

> Deus deseja me ajudar e Se inclina bem perto para me ouvir.

Mentira:

Não tenho certeza de que Deus me nota ou Se importa comigo. Parece que minhas orações nem têm importância para Ele.

Verdade:

> *Não se vendem dois pardais por uma moedinha? Contudo, nenhum deles cai no chão sem o consentimento do Pai de vocês. Até os cabelos da cabeça de vocês estão todos contados. Portanto, não tenham medo; vocês valem mais do que muitos pardais!* (Mt 10.29-31)

Eu me lembrarei:

> Deus deseja me ajudar e Ele Se preocupa, profundamente, comigo.

Mentira:
Deus deve estar cansado de mim e das minhas fraquezas.

Verdade:
> *Será que você não sabe? Nunca ouviu falar? O S*ENHOR *é o Deus eterno, o Criador de toda a terra. Ele não se cansa nem fica exausto; sua sabedoria é insondável. Ele fortalece o cansado e dá grande vigor ao que está sem forças* (Is 40.28,29).

Eu me lembrarei:
> Deus deseja me ajudar, e Sua força é a resposta para todas as minhas fraquezas.

DEUS DESEJA ME TRANSFORMAR

Mentira:
Deus não pode mudar alguém como eu.

Verdade:
> *Pois aqueles que de antemão conheceu, também os predestinou para serem conformes à imagem de seu Filho, a fim de que ele seja o primogênito entre muitos irmãos* (Rm 8.29).

Eu me lembrarei:
> Deus deseja me transformar e está me fazendo cada vez mais parecido com Jesus.

Mentira:
Faz tempo que Deus desistiu de mim...

Verdade:

Estou convencido de que aquele que começou boa obra em vocês, vai completá-la até o dia de Cristo Jesus (Fp 1.6).

Eu me lembrarei:

Deus deseja me transformar e promete que completará a obra que está realizando em mim.

Mentira:

Deus quer que eu me apresse e me recomponha.

Verdade:

Pois é Deus quem efetua em vocês tanto o querer quanto o realizar, de acordo com a boa vontade dele (Fp 2.13).

Eu me lembrarei:

Deus deseja me transformar e Ele me ajudará a mudar.

DEUS ME AMA

Mentira:

Eu não sou digna de ser amada por Deus.

Verdade:

Dificilmente haverá alguém que morra por um justo, embora pelo homem bom talvez alguém tenha coragem de morrer. Mas Deus demonstra seu amor por nós: Cristo morreu em nosso favor quando ainda éramos pecadores (Rm 5.7,8).

Eu me lembrarei:
>Deus me ama e me alcança mesmo quando não sou digna de amor.

Mentira:
Se Deus realmente me amasse, não me deixaria sentir tanta dor.

Verdade:
> Meus irmãos, considerem motivo de grande alegria o fato de passarem por diversas provações, pois vocês sabem que a prova da sua fé produz perseverança. E a perseverança deve ter ação completa, a fim de que vocês sejam maduros e íntegros, sem lhes faltar coisa alguma (Tg 1.2-4).

Eu me lembrarei:
> Deus me ama e promete que minha dor não será em vão.

Mentira:
Se eu for sincera com Deus sobre meus sentimentos, Ele ficará desapontado e deixará de me amar.

Verdade:
> Confie nele em todos os momentos, ó povo; derrame diante dele o coração, pois ele é o nosso refúgio (Sl 62.8).

Eu me lembrarei:
> Deus me ama e me convida a derramar sinceramente o meu coração diante dEle.

OBTENDO AJUDA

Querido leitor,

Se você estiver atravessando uma fase difícil, ou lidando com uma profunda decepção em sua vida, este livro poderá ajudá-lo. Creio que ele poderá vir a ser o início de seu processo de cura. Como não sou conselheira por formação, gostaria de dizer que esta leitura não substitui uma terapia e reconheço que, perante algumas realidades na vida, será necessária a ajuda de um *conselheiro cristão profissional* para ajudá-lo a passar por elas. Por favor, quando for o caso, reconheça sua necessidade de aconselhamento. Eu sou muito grata pelos profissionais que amavelmente me ajudaram e me guiaram em meus dias mais sombrios. Foi muito importante para mim que os conselheiros profissionais que consultei tivessem um relacionamento pessoal, profundamente comprometido com Jesus, e que compreendessem que a batalha deve ser travada tanto no campo físico como no espiritual. Querido leitor, estou orando por você.

Com muito amor,
Lysa

AGRADECIMENTOS

Quando eu estava escrevendo *Não era para ser assim*, houve uma época em que fiquei desestimulada com o projeto. Passei muitos dias difíceis simplesmente sentada em minha cama, pensando em me mudar para o interior e me tornar uma garçonete. Porém, tenho amigos e familiares incríveis que entendem que eu tenho uma missão diferente. Apesar de que seria ótimo ser garçonete, esse não é o meu chamado. E também não o é ser uma investigadora da CSI... Minha outra opção secreta...

Esses amigos me mantiveram focada em minha missão divina. Eles seguraram minhas mãos, ergueram meus braços e me ajudaram a concluir este livro. São pessoas incríveis... Eu as amo. E de todo o coração lhes agradeço.

Art, a jornada foi longa e dolorosa. Mas também foi inesperadamente miraculosa. Obrigada por ler cada palavra deste livro e me animar na linha de chegada. Eu amo você.

Jackson, Amanda, Mark, Selena, Susan Hope, Michael, Ashley, David, Brooke, Paige e Philecia, vocês são pura bênção em minha vida! Eu os amo muito.

Hamp, Colette, Wes, Laci, pastor Rob e Michelle, mal posso esperar que possamos ajudar outros da mesma forma como vocês nos ajudaram. Não consigo nem pensar na palavra certa para descrever a profundidade do amor de vocês. Estou sem palavras para descrever a maneira incrível em que vocês vivem a mensagem do evangelho.

Kristen, Shae, Hope, Kimberly e Amanda, eu não poderia fazer isso sem sua amizade, habilidades excepcionais e belo trabalho em equipe.

Meredith e Leah, a maneira como vocês apoiam cada uma das minhas mensagens, como se fossem suas, é um presente inestimável para mim.

Wendy B., Sharon S., Courtney D., Karen E., Krista W., obrigada por orarem por mim durante a época mais difícil da minha vida.

Joel M., nunca mais quero escrever um livro sem você na minha equipe. Meus dias favoritos são quando Leah e eu estudamos a Bíblia junto com você. Obrigada por seu brilho humilde.

Kaley e Madi, tudo o que vocês tocam fica bonito. Obrigado por ajudarem a criar o *design* do conjunto de vídeos deste livro.

Alison, Meredith, Riley, Tori e Anna, vocês são realmente a equipe de *design* mais talentosa que existe. Obrigada por captarem o delicado equilíbrio entre o sentimento de necessidade e a esperança de cura nesta capa do livro. Vocês "embalaram" lindamente minha mensagem e sou muito grata.

Quero dizer a cada um da equipe da minha missão Proverbs 31 Ministries que é uma honra trabalhar com vocês.

O Conselho P31... mentes incríveis, amigos queridos.

Pastor e minha família na Igreja *Elevation*... como vocês fazem o que fazem toda semana? Obrigada pela sua fidelidade.

Pastor Chris e Tammy... Vocês são muito especiais. Obrigada por me receberem em sua família com tanto amor e aceitação incondicionais.

Lisa C., Jeremy e Lori G.... Cada um de vocês é resposta às minhas orações. Eu amo compartilhar a vida com vocês.

Michael Cusick de Restoring the Soul Counseling e Jim Cress, conselheiro... vocês foram sal e luz exatamente na forma em que minha família mais precisava. Vocês estavam lá para nos ajudar a sobreviver à tempestade e seguir em frente com a cura. Obrigada.

Brian Hampton, Jessica Wong, Mark Schoenwald, Mark Glesne, Jessalyn Foggy, Janene MacIvor, Lori Lynch, Sara Broun, John Raymond, Sara Riemersma... vocês são verdadeiramente parceiros na publicação. Vocês me encorajam, me desafiam e ajudam a dar vida a todos os livros que escrevo. Vocês não são apenas parceiros de ministério para mim; são amigos para toda a vida.

Ao grupo dos primeiros revisores de *Não era para ser assim...*, quero agradecer por andar ao meu lado enquanto escrevia cada capítulo. Seu *feedback* e seu amor ajudaram a moldar essa mensagem da melhor maneira possível.

TEXTOS BÍBLICOS

Introdução

Mas graças a Deus, que nos dá a vitória por meio de nosso Senhor Jesus Cristo. (1Co 15.57)

Capítulo 1: Entre dois jardins

"Agora o tabernáculo de Deus está com os homens, com os quais ele viverá. Eles serão os seus povos; o próprio Deus estará com eles e será o seu Deus. Ele enxugará dos seus olhos toda lágrima. Não haverá mais morte, nem tristeza, nem choro, nem dor, pois a antiga ordem já passou". Aquele que estava assentado no trono disse: "Estou fazendo novas todas as coisas!" (Ap 21.3-5)

Capítulo 2: Pó

Então o Senhor Deus formou o homem do pó da terra e soprou em suas narinas o fôlego de vida, e o homem se tornou um ser vivente. (Gn 2.7)

"Enquanto estou no mundo, sou a luz do mundo". Tendo dito isso, [Jesus] cuspiu no chão, misturou terra com saliva e aplicou-a aos olhos do homem. (Jo 9.5,6, AMP)

Contudo, Senhor, tu és o nosso Pai. Nós somos o barro; tu és o oleiro. Todos nós somos obra das tuas mãos. (Is 64.8)

"Ó comunidade de Israel, será que eu não posso agir com vocês como fez o oleiro?", pergunta o Senhor. "Como barro nas mãos do oleiro, assim são vocês nas minhas mãos, ó comunidade de Israel." (Jr 18.6)

> Porque nós sabemos que quando morrermos e deixarmos este corpo teremos um maravilhoso corpo novo no céu, um lar que será nosso para todo o sempre, feito para nós pelo próprio Deus, e não por mãos humanas. Como vamos ficando cada vez mais cansados deste corpo atual! Eis por que esperamos com ansiedade o dia quando teremos um corpo celestial, que vestiremos com roupas novas. Porque nós não seremos apenas espíritos sem corpo. Este nosso corpo terreno nos faz gemer e suspirar, porém não gostaríamos de pensar em morrer e depois não possuir corpo algum. Desejamos revestir-nos do nosso novo corpo, de maneira tal que este corpo mortal seja absorvido pela vida. Isso é o que Deus preparou para nós e, como garantia, ele nos deu o seu Espírito Santo. (2Co 5.1-5, NBV)

> [Declaração de Deus sobre o Éden restaurado:] "Estou fazendo novas todas as coisas!" (Ap 21.5, AMP)

Capítulo 3: Como superar os próximos 86.400 segundos?

> Durante os seus dias de vida na terra, Jesus ofereceu orações e súplicas, em alta voz e com lágrimas, àquele que o podia salvar da morte, sendo ouvido por causa da sua reverente submissão. Embora sendo Filho, ele aprendeu a obedecer por meio daquilo que sofreu; e, uma vez aperfeiçoado, tornou-se a fonte da salvação eterna para todos os que lhe obedecem. (Hb 5.7-9)

> Afasta de mim este cálice; contudo, não seja o que eu quero, mas sim o que tu queres. (Mc 14.36)

> Pai nosso, que estás nos céus! Santificado seja o teu nome. Venha o teu Reino; seja feita a tua vontade, assim na terra como no céu. Dá-nos hoje o nosso pão de cada dia. (Mt 6.9-11)

> Portanto, visto que os filhos são pessoas de carne e sangue, ele também participou dessa condição humana, para que, por sua morte, derrotasse aquele que tem o poder da morte, isto é, o Diabo,

e libertasse aqueles que durante toda a vida estiveram escravizados pelo medo da morte. [...] Por essa razão era necessário que ele se tornasse semelhante a seus irmãos em todos os aspectos, para se tornar sumo sacerdote misericordioso e fiel com relação a Deus, e fazer propiciação pelos pecados do povo. Porque, tendo em vista o que ele mesmo sofreu quando tentado, ele é capaz de socorrer aqueles que também estão sendo tentados. (Hb 2.14,15,17,18)

Portanto, santos irmãos, participantes do chamado celestial, fixem os seus pensamentos em Jesus, apóstolo e sumo sacerdote que confessamos. (Hb 3.1)

A esperança que se retarda deixa o coração doente, mas o anseio satisfeito é árvore de vida. (Pv 13.12)

Capítulo 4: Pés bronzeados

Pois Deus não nos deu um Espírito que produz temor e covardia, mas sim que nos dá poder, amor e autocontrole. (2Tm 1.7, NVT)

Mas o S<small>ENHOR</small> Deus chamou o homem, perguntando: "Onde está você?" [...] E Deus perguntou: "Quem lhe disse que você estava nu? Você comeu do fruto da árvore da qual lhe proibi comer?" (Gn 3.9,11)

Capítulo 5: Pinturas e pessoas

Eles o venceram pelo sangue do Cordeiro e pela palavra do testemunho que deram. (Ap 12.11)

Bendito seja o Deus e Pai de nosso Senhor Jesus Cristo, Pai das misericórdias e Deus de toda consolação, que nos consola em todas as nossas tribulações, para que, com a consolação que recebemos de Deus, possamos consolar os que estão passando por tribulações. (2Co 1.3,4)

> Portanto, como povo escolhido de Deus, santo e amado, revistam-se de profunda compaixão, bondade, humildade, mansidão e paciência. (Cl 3.12)

Capítulo 6: Demorado demais, difícil demais

> Esperei com paciência no Senhor, e ele se inclinou para mim, e ouviu o meu clamor. Tirou-me dum lago horrível, dum charco de lodo, pôs os meus pés sobre uma rocha, firmou os meus passos. E pôs um novo cântico na minha boca, um hino ao nosso Deus; muitos o verão, e temerão, e confiarão no Senhor. Bem-aventurado o homem que põe no Senhor a sua confiança. (Sl 40.1-4, ACF)

> Depois que Jó orou por seus amigos [os que fizeram mau juízo de Jó, não lhe disseram a verdade a respeito de Deus e aumentaram o seu sofrimento], o Senhor o tornou novamente próspero e lhe deu em dobro tudo o que tinha antes. (Jó 42.10, AMP)

> O Senhor abençoou o final da vida de Jó mais do que o início. (Jó 42.12)

> Depois disso Jó viveu cento e quarenta anos; viu seus filhos e os descendentes deles até a quarta geração. (Jó 42.16)

> O Deus de toda a graça, que os chamou para a sua glória eterna em Cristo Jesus, depois de terem sofrido durante pouco de tempo, os restaurará, os confirmará, lhes dará forças e os porá sobre firmes alicerces. (1Pe 5.10)

> Por isso, desde que ouvimos falar a seu respeito, não deixamos de orar por vocês. Pedimos a Deus que lhes conceda pleno conhecimento de sua vontade e também sabedoria e entendimento espiritual. Então vocês viverão de modo a sempre honrar e agradar ao Senhor, dando todo tipo de bom fruto e aprendendo a conhecer a Deus cada vez mais. Oramos também para que sejam fortalecidos com o poder glorioso de Deus, a fim de que tenham toda a perseverança e paciência de que necessitam. (Cl 1.9-11, NVT)

Mas ele me disse: "Minha graça é suficiente para você, pois o meu poder se aperfeiçoa na fraqueza". Portanto, eu me gloriarei ainda mais alegremente em minhas fraquezas, para que o poder de Cristo repouse em mim. Por isso, por amor de Cristo, regozijo-me nas fraquezas, nos insultos, nas necessidades, nas perseguições, nas angústias. Pois, quando sou fraco é que sou forte. (2Co 12.9,10)

Meus irmãos, considerem motivo de grande alegria o fato de passarem por diversas provações, pois vocês sabem que a prova da sua fé produz perseverança. E a perseverança deve ter ação completa, a fim de que vocês sejam maduros e íntegros, sem lhes faltar coisa alguma. (Tg 1.2-4)

Capítulo 7: Quando o fardo é insuportável

Não sobreveio a vocês tentação que não fosse comum aos homens. E Deus é fiel; ele não permitirá que vocês sejam tentados além do que podem suportar. Mas, quando forem tentados, ele mesmo lhes providenciará um escape, para que o possam suportar. (1Co 10.13)

Irmãos, não queremos que vocês desconheçam as tribulações que sofremos na província da Ásia, as quais foram muito além da nossa capacidade de suportar, a ponto de perdermos a esperança da própria vida. De fato, já tínhamos sobre nós a sentença de morte, para que não confiássemos em nós mesmos, mas em Deus, que ressuscita os mortos. (2Co 1.8,9)

Ai daquele que contende com seu Criador, daquele que não passa de um caco entre os cacos no chão. Acaso o barro pode dizer ao oleiro: "O que você está fazendo?" Será que a obra que você faz pode dizer: "Você não tem mãos?" (Is 45.9)

Então Satanás saiu da presença do Senhor e causou em Jó feridas terríveis, da sola dos pés ao alto da cabeça. Jó, sentado em meio a cinzas, raspava a pele com um caco de cerâmica.

> Sua esposa lhe disse: "Você ainda tenta manter sua integridade? Amaldiçoe a Deus e morra!".
> Jó respondeu: "Você fala como uma mulher insensata. Aceitaremos da mão de Deus apenas as coisas boas e nunca o mal?".
> Em tudo isso, Jó não pecou com seus lábios. (Jó 2.7-10, NVT)

> Quando se completarem os setenta anos da Babilônia, eu cumprirei a minha promessa em favor de vocês, de trazê-los de volta para este lugar. Porque sou eu que conheço os planos que tenho para vocês [...] planos de fazê-los prosperar e não de lhes causar dano, planos de dar-lhes esperança e um futuro. Então vocês clamarão a mim, virão orar a mim, e eu os ouvirei. Vocês me procurarão e me acharão quando me procurarem de todo o coração. Eu me deixarei ser encontrado por vocês. (Jr 29.10-14)

> Bem-aventurados os puros de coração, pois verão a Deus. (Mt 5.8)

> Escute-me [...] vocês, a quem tenho sustentado desde que foram concebidos, e que tenho carregado desde o seu nascimento. Mesmo na sua velhice, quando tiverem cabelos brancos, sou eu aquele, aquele que os susterá. Eu os fiz e eu os levarei; eu os sustentarei e eu os salvarei [...] Eu sou Deus, e não há nenhum outro; eu sou Deus, e não há nenhum como eu. Desde o início faço conhecido o fim, desde tempos remotos, o que ainda virá. Digo: Meu propósito permanecerá em pé, e farei tudo o que me agrada. Do oriente convoco uma ave de rapina; de uma terra bem distante, um homem para cumprir o meu propósito. O que eu disse, isso eu farei acontecer; o que planejei, isso farei. (Is 46.3,4,9-11)

> Eu sou o caminho, a verdade e a vida. Ninguém vem ao Pai, a não ser por mim. (Jo 14.6)

> Ele fez os céus e a terra, o mar e tudo que neles há; ele cumpre suas promessas para sempre. (Sl 146.6, NVT)

Não temas, porque eu sou contigo; não te assombres, porque eu sou teu Deus; eu te fortaleço, e te ajudo, e te sustento com a destra da minha justiça. (Is 41.10, ACF)

Contudo, sempre estou contigo; tomas a minha mão direita e me susténs. (Sl 73.23)

Tu és o meu abrigo; tu me preservarás das angústias e me cercarás de canções de livramento. (Sl 32.7)

Capítulo 8: Rompendo com as amarras

Guia-me com a tua verdade e ensina-me, pois tu és Deus, meu Salvador, e a minha esperança está em ti o tempo todo. (Sl 25.5)

Portanto, também nós, uma vez que estamos rodeados por tão grande nuvem de testemunhas, livremo-nos de tudo o que nos atrapalha e do pecado que nos envolve, e corramos com perseverança a corrida que nos é proposta, tendo os olhos fitos em Jesus, autor e consumador da nossa fé. Ele, pela alegria que lhe fora proposta, suportou a cruz, desprezando a vergonha, e assentou-se à direita do trono de Deus. (Hb 12.1,2)

Ao passar, Jesus viu um cego de nascença. Seus discípulos lhe perguntaram: "Mestre, quem pecou: este homem ou seus pais, para que ele nascesse cego?"

Disse Jesus: "Nem ele nem seus pais pecaram, mas isto aconteceu para que a obra de Deus se manifestasse na vida dele. Enquanto é dia, precisamos realizar a obra daquele que me enviou. A noite se aproxima, quando ninguém pode trabalhar. Enquanto estou no mundo, sou a luz do mundo".

Tendo dito isso, cuspiu no chão, misturou terra com saliva e aplicou-a aos olhos do homem. Então lhe disse: "Vá lavar-se no tanque de Siloé" (que significa "enviado"). O homem foi, lavou-se e voltou vendo. (Jo 9.1-7)

Jesus ouviu que o haviam expulsado, e, ao encontrá-lo, disse: "Você crê no Filho do homem?"

Perguntou o homem: "Quem é ele, Senhor, para que eu nele creia?"

Disse Jesus: "Você já o tem visto. É aquele que está falando com você".

Então o homem disse: "Senhor, eu creio". E o adorou. (Jo 9.35-38)

Tem misericórdia de mim, ó Deus, por teu amor; por tua grande compaixão apaga as minhas transgressões.

Lava-me de toda a minha culpa e purifica-me do meu pecado.

Pois eu mesmo reconheço as minhas transgressões, e o meu pecado sempre me persegue.

Contra ti, só contra ti, pequei e fiz o que tu reprovas, de modo que justa é a tua sentença e tens razão em condenar-me.

Sei que sou pecador desde que nasci, sim, desde que me concebeu minha mãe.

Sei que desejas a verdade no íntimo; e no coração me ensinas a sabedoria.

Purifica-me com hissopo, e ficarei puro; lava-me, e mais branco do que a neve serei.

Faze-me ouvir de novo júbilo e alegria, e os ossos que esmagaste exultarão.

Esconde o rosto dos meus pecados e apaga todas as minhas iniquidades.

Cria em mim um coração puro, ó Deus, e renova dentro de mim um espírito estável.

Não me expulses da tua presença, nem tires de mim o teu Santo Espírito.

Devolve-me a alegria da tua salvação e sustenta-me com um espírito pronto a obedecer.

Então ensinarei os teus caminhos aos transgressores, para que os pecadores se voltem para ti.

Livra-me da culpa dos crimes de sangue, ó Deus, Deus da minha salvação! E a minha língua aclamará a tua justiça.

Ó S̶ENHOR̶, *dá palavras aos meus lábios, e a minha boca anunciará o teu louvor. (Sl 51.1-15)*

Percebem o que isso significa — todos esses pioneiros iluminando o caminho, todos esses veteranos nos encorajando? Significa que o melhor a fazer é continuar. Livres dos acessórios inúteis, comecem a correr — e nunca desistam! Nada de gordura espiritual extra, nada de pecados parasitas. Mantenham os olhos em Jesus, que começou e terminou a corrida de que participamos. Observem como ele fez. Porque ele jamais perdeu o alvo de vista — aquele fim jubiloso com Deus. Ele foi capaz de vencer tudo pelo caminho: a cruz, a vergonha, tudo mesmo. Agora, está lá, num lugar de honra, ao lado de Deus. Quando se sentirem cansados no caminho da fé, lembrem-se da história dele, da longa lista de hostilidade que ele enfrentou. Será como uma injeção de adrenalina na alma! (Hb 12.1-3, A Mensagem)

Tendo sido, pois, justificados pela fé, temos paz com Deus, por nosso Senhor Jesus Cristo, por meio de quem obtivemos acesso pela fé a esta graça na qual agora estamos firmes; e nos gloriamos na esperança da glória de Deus. Não só isso, mas também nos gloriamos nas tribulações, porque sabemos que a tribulação produz perseverança; a perseverança, um caráter aprovado; e o caráter aprovado, esperança. (Rm 5.1-4)

Capítulo 9: Expondo o inimigo

O ladrão vem apenas para furtar, matar e destruir; eu vim para que tenham vida, e a tenham plenamente. (Jo 10.10)

Quando alguém for tentado, jamais deverá dizer: "Estou sendo tentado por Deus". Pois Deus não pode ser tentado pelo mal, e a ninguém tenta. Cada um, porém, é tentado pelo próprio mau desejo, sendo por este arrastado e seduzido. Então esse desejo, tendo concebido, dá à luz o pecado; e o pecado, após ter-se consumado, gera a morte.

> *Meus amados irmãos, não se deixem enganar [...]*
>
> *Portanto, livrem-se de toda impureza moral e da maldade que prevalece, e aceitem humildemente a palavra implantada em vocês, a qual é poderosa para salvá-los.*
>
> *Sejam praticantes da palavra, e não apenas ouvintes, enganando-se a si mesmos.* (Tg 1.13-16,21,22)

Pois a palavra de Deus é viva e eficaz, e mais afiada que qualquer espada de dois gumes; ela penetra até o ponto de dividir alma e espírito, juntas e medulas, e julga os pensamentos e intenções do coração. Nada, em toda a criação, está oculto aos olhos de Deus. Tudo está descoberto e exposto diante dos olhos daquele a quem havemos de prestar contas.

Portanto, visto que temos um grande sumo sacerdote que adentrou os céus, Jesus, o Filho de Deus, apeguemo-nos com toda a firmeza à fé que professamos, pois não temos um sumo sacerdote que não possa compadecer-se das nossas fraquezas, mas sim alguém que, como nós, passou por todo tipo de tentação, porém, sem pecado. Assim, aproximemo-nos do trono da graça com toda a confiança, a fim de recebermos misericórdia e encontrarmos graça que nos ajude no momento da necessidade. (Hb 4.12-16)

Esses homens são fontes sem água e névoas impelidas pela tempestade. A escuridão das trevas lhes está reservada, pois eles, com palavras de vaidosa arrogância e provocando os desejos libertinos da carne, seduzem os que estão quase conseguindo fugir daqueles que vivem no erro. Prometendo-lhes liberdade, eles mesmos são escravos da corrupção, pois o homem é escravo daquilo que o domina. (2Pe 2.17-19)

O Senhor não demora em cumprir a sua promessa, como julgam alguns. Ao contrário, ele é paciente com vocês, não querendo que ninguém pereça, mas que todos cheguem ao arrependimento. (2Pe 3.9)

Não se deixem enganar: de Deus não se zomba. Pois o que o homem semear, isso também colherá. Quem semeia para a sua carne, da carne colherá destruição; mas quem semeia para o Espírito, do Espírito colherá a vida eterna. (Gl 6.7,8)

"Tudo é permitido", mas nem tudo convém. "Tudo é permitido", mas nem tudo edifica. (1Co 10.23)

Vocês estavam mortos em suas transgressões e pecados, nos quais costumavam viver, quando seguiam a presente ordem deste mundo e o príncipe do poder do ar, o espírito que agora está atuando nos que vivem na desobediência. Anteriormente, todos nós também vivíamos entre eles, satisfazendo as vontades da nossa carne, seguindo os seus desejos e pensamentos. Como os outros, éramos por natureza merecedores da ira. Todavia, Deus, que é rico em misericórdia, pelo grande amor com que nos amou, deu-nos vida com Cristo, quando ainda estávamos mortos em transgressões – pela graça vocês são salvos. (Ef 2.1-5)

Dessa maneira, ele nos deu as suas grandiosas e preciosas promessas, para que por elas vocês se tornassem participantes da natureza divina e fugissem da corrupção que há no mundo, causada pela cobiça. (2Pe 1.4)

Meus amados irmãos, não se deixem enganar. Toda boa dádiva e todo dom perfeito vêm do alto, descendo do Pai das luzes, que não muda como sombras inconstantes. (Tg 1.16,17)

O coração é mais enganoso que qualquer outra coisa e sua doença é incurável. Quem é capaz de compreendê-lo? (Jr 17.9)

Que as palavras da minha boca e a meditação do meu coração sejam agradáveis a ti, Senhor, minha Rocha e meu Resgatador! (Sl 19.14)

Agora veio a salvação, o poder e o Reino do nosso Deus, e a autoridade do seu Cristo, pois foi lançado fora o acusador dos nossos irmãos, que os acusa diante do nosso Deus, dia e noite. Eles o venceram pelo sangue do Cordeiro e pela palavra do testemunho que deram; diante da morte, não amaram a própria vida. (Ap 12.10,11)

Então o Senhor Deus declarou à serpente: "Uma vez que você fez isso, maldita é você entre todos os rebanhos domésticos e entre todos os animais selvagens! Sobre o seu ventre você rastejará, e pó comerá todos os dias da sua vida". (Gn 3.14)

Portanto, alegrem-se com isso, ainda que agora, por algum tempo, vocês precisem suportar muitas provações. Elas mostrarão que sua fé é autêntica. Como o fogo prova e purifica o ouro, assim sua fé está sendo experimentada, e ela é muito mais preciosa que o simples ouro. Isso resultará em louvor, glória e honra no dia em que Jesus Cristo for revelado. (1Pe 1.6,7, NVT, destaques da autora)

Portanto, preparem sua mente para a ação e exercitem o autocontrole. Depositem toda a sua esperança na graça que receberão quando Jesus Cristo for revelado. Sejam filhos obedientes. Não voltem ao seu antigo modo de viver, quando satisfaziam os próprios desejos e viviam na ignorância. Agora, porém, sejam santos em tudo que fizerem, como é santo aquele que os chamou. Pois as Escrituras dizem: "Sejam santos, porque eu sou santo". (1Pe 1.13-16, NVT)

Entre vocês há alguém que está sofrendo? Que ele ore. Há alguém que se sente feliz? Que ele cante louvores. Entre vocês há alguém que está doente? Que ele mande chamar os presbíteros da igreja, para que estes orem sobre ele e o unjam com óleo, em nome do Senhor. E a oração feita com fé curará o doente; o Senhor o levantará. E se houver cometido pecados, ele será perdoado. Portanto, confessem os seus pecados uns aos outros e orem uns pelos outros para serem curados. A oração de um justo é poderosa e eficaz. (Tg 5.13-16)

Quem é que desejará lhes fazer mal se vocês se dedicarem a fazer o bem? Mas, ainda que sofram por fazer o que é certo, vocês serão abençoados. Portanto, não se preocupem e não tenham medo de ameaças. Em vez disso, consagrem a Cristo como o Senhor de sua vida. E, se alguém lhes perguntar a respeito de sua esperança, estejam sempre preparados para explicá-la. Façam-no, porém, de modo amável e respeitoso. Mantenham sempre a consciência limpa. Então, se as pessoas falarem mal de vocês, ficarão envergonhadas ao ver como vocês vivem corretamente em Cristo. Lembrem-se de que é melhor sofrer por fazer o bem, se for da vontade de Deus, do que por fazer o mal. (1Pe 3.13-17, NVT)

Capítulo 10: Palavras de reafirmação

Eu lhes disse essas coisas para que em mim vocês tenham paz. Neste mundo vocês terão aflições; contudo, tenham ânimo! Eu venci o mundo. (Jo 16.33)

Busquem, pois, em primeiro lugar o Reino de Deus e a sua justiça, e todas essas coisas lhes serão acrescentadas. Portanto, não se preocupem com o amanhã, pois o amanhã trará as suas próprias preocupações. Basta a cada dia o seu próprio mal. (Mt 6.33,34)

Amados, não se surpreendam com o fogo que surge entre vocês para os provar, como se algo estranho lhes estivesse acontecendo. Mas alegrem-se à medida que participam dos sofrimentos de Cristo, para que também, quando a sua glória for revelada, vocês exultem com grande alegria. (1Pe 4.12,13)

Moabe tem estado tranquila desde a sua juventude, como o vinho deixado com os seus resíduos; não foi mudada de vasilha em vasilha. Nunca foi para o exílio; por isso, o seu sabor permanece o mesmo e o seu cheiro não mudou. (Jr 48.11)

Quem vive segundo a carne tem a mente voltada para o que a carne deseja; mas quem vive de acordo com o Espírito, tem a mente voltada para o que o Espírito deseja. A mentalidade da carne é morte, mas a mentalidade do Espírito é vida e paz. (Rm 8.5,6)

Não se amoldem ao padrão deste mundo, mas transformem-se pela renovação da sua mente, para que sejam capazes de experimentar e comprovar a boa, agradável e perfeita vontade de Deus. (Rm 12.2)

Ouvimos falar da arrogante Moabe, de seu orgulho, sua altivez e sua fúria, mas toda essa soberba desapareceu. Toda a terra de Moabe chora, sim, todos em Moabe lamentam ao lembrar dos bolos de passas de Quir-Haresete; não resta um sequer. [...] Encerrou-se a alegria, acabou-se a celebração pela colheita. Já não haverá cânticos nos vinhedos, nem gritos de exultação, ninguém pisará as uvas nos tanques de prensar; acabei com toda a alegria de suas colheitas. (Is 16.6,7,10, NVT)

Mas agora, Israel, o Senhor que o criou e formou diz: "Não fique com medo! Eu mesmo comprei a sua liberdade [do cativeiro]. Eu o chamei pelo nome; você é meu!
Quando você passar por águas profundas, eu estarei ao seu lado; quando tiver de atravessar grandes rios, eles não o encobrirão; quando tiver de passar pelo fogo, não se queimará. As chamas não farão mal a você.
Porque eu sou o Senhor, o seu Deus, o Santo de Israel, o seu Salvador. Para você receber sua liberdade, eu entreguei o Egito [aos babilônios], a Etiópia e Sebá [sua província] como resgate.
Outras pessoas perderam suas vidas em seu lugar, e nações em troca da sua vida. Isso porque para mim você é muito precioso e honrado à minha vista, e porque eu o amo.
Não tenha medo, porque eu estou ao seu lado. (Is 43.1-5, NBV AMP)

Não fiquem lembrando o que aconteceu no passado; não continuem pensando nas coisas que fiz há muito tempo.

Vejam, estou fazendo uma coisa completamente nova, algo que já comecei a realizar; será que vocês ainda não perceberam? Vou abrir uma grande estrada no deserto, e no meio da terra seca farei correr riachos! (Is 43.18,19, NBV)

Pedimos a Deus que vocês se tornem fortes com toda a força que vem do glorioso poder dele, para que possam suportar tudo com paciência. (Cl 1.11, NTLH)

O Senhor está perto de todos os que o invocam, de todos os que o invocam com sinceridade. (Sl 145.18)

Todavia, lembro-me também do que pode me dar esperança:
    Graças ao grande amor do Senhor é que não somos consumidos,
    pois as suas misericórdias são inesgotáveis.
Renovam-se cada manhã;
    grande é a sua fidelidade! (Lm 3.21-23)

Tenho ainda muito que lhes dizer, mas vocês não o podem suportar agora. Mas, quando o Espírito da verdade vier, ele os guiará a toda a verdade. Não falará de si mesmo; falará apenas o que ouvir, e lhes anunciará o que está por vir. Ele me glorificará, porque receberá do que é meu e o tornará conhecido a vocês. Tudo o que pertence ao Pai é meu. Por isso eu disse que o Espírito receberá do que é meu e o tornará conhecido a vocês. (Jo 16.12-15)

Porque ele me ama, eu o resgatarei;
    eu o protegerei, pois conhece o meu nome.
Ele clamará a mim, e eu lhe darei resposta,
    e na adversidade estarei com ele;
    vou livrá-lo e cobri-lo de honra. (Sl 91.14,15)

Eu lhes darei um coração capaz de conhecer-me e de saber que eu sou o Senhor. Serão o meu povo, e eu serei o seu Deus, pois eles se voltarão para mim de todo o coração. (Jr 24.7)

Não temerá más notícias;
    *seu coração está firme, confiante no S*ENHOR*. (Sl 112.7)*

Que as palavras da minha boca e a meditação do meu coração
    sejam agradáveis a ti,
    S*ENHOR, minha Rocha e meu Resgatador! (Sl 19.14)*

Algum de vocês está passando por dificuldades? Então ore. Alguém está feliz? Cante louvores. (Tg 5.13, NVT)

*Eu te louvarei, S*ENHOR*, de todo o coração;*
    diante dos deuses cantarei louvores a ti.
Voltado para o teu santo templo eu me prostrarei
    e renderei graças ao teu nome,
    por causa do teu amor e da tua fidelidade;
pois exaltaste acima de todas as coisas
    o teu nome e a tua palavra.
Quando clamei, tu me respondeste;
    deste-me força e coragem. [...]
Ainda que eu passe por angústias,
    tu me preservas a vida da ira dos meus inimigos;
    estendes a tua mão direita e me livras. (Sl 138.1-3,7)

*Tu, S*ENHOR*, guardarás em perfeita paz*
    aquele cujo propósito está firme,
    porque em ti confia. (Is 26.3)

Estejam alertas e vigiem. O Diabo, o inimigo de vocês, anda ao redor como leão, rugindo e procurando a quem possa devorar. (1Pe 5.8)

Meu filho, dê atenção à minha sabedoria,
    incline os ouvidos para perceber o meu discernimento.
Assim você manterá o bom senso,
    e os seus lábios guardarão o conhecimento. (Pv 5.1,2)

Olhe sempre para a frente [para o caminho da coragem moral]; que os seus olhos mantenham-se fixos no que está diante de você [para o caminho da integridade].

Pense bem antes de dar qualquer passo e você andará sempre pelo caminho do bem.

Não se desvie nem para a direita nem para a esquerda [onde o mal está à espreita]! Não ande pelo caminho do mal! (Pv 4.25-27, NBV AMP)

Assim, os interessados em tudo que Deus tem para nós devem se manter focados no alvo. Se algum de vocês tem outra coisa em mente, algo menos que um compromisso total, Deus vai clarear a vista embaçada de vocês – e vocês vão enxergar! Agora, que estamos no caminho certo, permaneçamos nele.

Amigos, fiquem firmes comigo. Observem os que correm a mesma carreira e prosseguem para o mesmo alvo. Muita gente está tomando outros caminhos, escolhendo outros alvos e tentando levar vocês com eles. Já adverti vocês várias vezes desse perigo. Infelizmente, preciso fazê-lo de novo. Tudo que eles querem é um caminho fácil. Eles odeiam a cruz de Cristo, mas o caminho fácil é um beco sem saída. Os que vivem assim transformam o próprio estômago em seu deus; seus arrotos são seus louvores. Eles só conseguem pensar no próprio apetite.

Mas a vida que temos é muito melhor. Somos cidadãos dos altos céus! Esperamos a vinda do Salvador, o Senhor Jesus Cristo, que transformará nosso corpo terrestre em corpo glorioso, como o dele. Ele nos fará belos e perfeitos com o mesmo poder que deixa tudo como deve ser, em toda parte. (Fp 3.15-21 A Mensagem)

Pois tudo o que há no mundo – a cobiça da carne, a cobiça dos olhos e a ostentação dos bens – não provém do Pai, mas do mundo. (1Jo 2.16)

Portanto, santos irmãos, participantes do chamado celestial, fixem os seus pensamentos em Jesus, apóstolo e sumo sacerdote que confessamos. (Hb 3.1)

Percebem o que isso significa – todos esses pioneiros iluminando o caminho, todos esses veteranos nos encorajando? Significa que o melhor a fazer é continuar. Livres dos acessórios inúteis, comecem a correr – e nunca desistam! Nada de gordura espiritual extra, nada de pecados parasitas. Mantenham os olhos em Jesus, que começou e terminou a corrida de que participamos. Observem como ele fez. Porque ele jamais perdeu o alvo de vista – aquele fim jubiloso com Deus. Ele foi capaz de vencer tudo pelo caminho: a cruz, a vergonha, tudo mesmo. Agora, está lá, num lugar de honra, ao lado de Deus. (Hb 12.1,2, A Mensagem)

Porque somos criação de Deus realizada em Cristo Jesus para fazermos boas obras, as quais Deus preparou antes para nós as praticarmos. (Ef 2.10)

Portanto, irmãos, permaneçam firmes e apeguem-se às tradições que lhes foram ensinadas, quer de viva voz, quer por carta nossa. Que o próprio Senhor Jesus Cristo e Deus nosso Pai, que nos amou e nos deu eterna consolação e boa esperança pela graça, deem ânimo ao coração de vocês e os fortaleçam para fazerem sempre o bem, tanto em atos como em palavras. (2Ts 2.15-17)

Queridos irmãos em Cristo, eu os amo e anseio vê-los, pois vocês são minha alegria e a recompensa do meu trabalho [minha coroa de vitória]. Permaneçam firmes no Senhor, meus amados. [...] Não se aflijam com nada; em vez disso, orem a respeito de tudo [cada circunstância e problema]; contem a Deus as necessidades [específicas] de vocês, e não se esqueçam de agradecer-lhe. Se fizerem isto, vocês experimentarão que a paz de Deus [aquela paz que conforta o coração], que excede todo o entendimento, conservará a mente e o coração de vocês em Cristo Jesus. E agora, irmãos, ao terminar esta carta, quero dizer-lhes mais uma coisa. Firmem seus pensamentos naquilo que é verdadeiro, nobre e direito. Pensem em coisas que sejam puras e agradáveis e detenham-se nas coisas excelentes [foquem sua mente nelas, implantem-as no seu coração]. Pensem em todas as coisas pelas quais vocês possam louvar a Deus. (Fp 4.1,6-8 NBV AMP)

Deus não é homem para mentir, nem ser humano para mudar de ideia. Alguma vez ele falou e não agiu? Alguma vez prometeu e não cumpriu? (Nm 23.19, NVT)

Capítulo 11: De cabeça para baixo

Meus irmãos, considerem motivo de grande alegria o fato de passarem por diversas provações, pois vocês sabem que a prova da sua fé produz perseverança. E a perseverança deve ter ação completa, a fim de que vocês sejam maduros e íntegros, sem lhes faltar coisa alguma. (Tg 1.2-4)

Feliz é o homem que persevera na provação, porque depois de aprovado receberá a coroa da vida, que Deus prometeu aos que o amam. (Tg 1.12)

SOBRE A AUTORA

LYSA TERKEURST é a presidente da missão *Proverbs 31 Ministries* [Ministério Provérbios 31] e autora do *best-seller Uninvited*, nº 1 do *New York Times*, de *The Best Yes* e outros vinte livros. Para quem a conhece melhor, ela é apenas uma pessoa simples, com uma Bíblia surrada, que proclama a esperança em meio à vida, tanto nos bons quanto nos maus momentos.

Lysa mora com a família em Charlotte, na Carolina do Norte. Seguem seus contatos.

Blog:
www.LysaTerKeurst.com
Facebook:
www.Facebook.com/OfficialLysa
Instagram:
@LysaTerKeurst
Twitter:
@LysaTerKeurst
Recursos adicionais:
www.ItsNotSupposedToBeThisWay.com
www.LysaTerKeurst.com
www.Proverbs31.org

Sua opinião é importante para nós. Por gentileza envie seus comentários pelo *e-mail* editorial@hagnos.com.br

Visite nosso *site*: www.hagnos.com.br

Esta obra foi composta na fonte Lora 10,5/16,25 e impressa na Imprensa da Fé.
São Paulo, Brasil.
Outono de 2019.